essentials

Essentials liefern aktuelles Wissen in konzentrierter Form. Die Essenz dessen, worauf es als „State-of-the-Art" in der gegenwärtigen Fachdiskussion oder in der Praxis ankommt, komplett mit Zusammenfassung und aktuellen Literaturhinweisen. Essentials informieren schnell, unkompliziert und verständlich

- als Einführung in ein aktuelles Thema aus Ihrem Fachgebiet
- als Einstieg in ein für Sie noch unbekanntes Themenfeld
- als Einblick, um zum Thema mitreden zu können.

Die Bücher in elektronischer und gedruckter Form bringen das Expertenwissen von Springer-Fachautoren kompakt zur Darstellung. Sie sind besonders für die Nutzung als eBook auf Tablet-PCs, eBook-Readern und Smartphones geeignet.

Essentials: Wissensbausteine aus Wirtschaft und Gesellschaft, Medizin, Psychologie und Gesundheitsberufen, Technik und Naturwissenschaften. Von renommierten Autoren der Verlagsmarken Springer Gabler, Springer VS, Springer Medizin, Springer Spektrum, Springer Vieweg und Springer Psychologie.

Rüdiger Voigt

Staatliche Souveränität

Zu einem Schlüsselbegriff
der Staatsdiskussion

Rüdiger Voigt
Netphen
Deutschland

ISSN 2197-6708   ISSN 2197-6716 (electronic)
essentials
ISBN 978-3-658-13180-7   ISBN 978-3-658-13181-4 (eBook)
DOI 10.1007/978-3-658-13181-4

Die Deutsche Nationalbibliothek verzeichnet diese Publikation in der Deutschen Nationalbibliografie; detaillierte bibliografische Daten sind im Internet über http://dnb.d-nb.de abrufbar.

Gedruckt auf säurefreiem und chlorfrei gebleichtem Papier

Springer VS ist Teil von Springer Nature
Die eingetragene Gesellschaft ist Springer Fachmedien Wiesbaden

Was Sie in diesem *essential* finden können

- Begriffsgeschichte und Bedeutung der Souveränität für den Staat des 21. Jahrhunderts
- Herleitung von drei Typen von Souveränität: Parlamentssouveränität, Rechts- bzw. Verfassungssouveränität, (direkte) Volkssouveränität
- Analyse der nationalstaatlichen Souveränität im Zeichen von Globalisierung, Internationalisierung und Europäisierung
- Darstellung der Auswirkungen des globalen Finanzkapitalismus auf die nationalstaatliche Souveränität
- Kritik der Übertragung vom Kernkompetenzen an die Europäische Union bei gleichzeitigem Souveränitätsverlust der Mitgliedstaaten
- Kritische Stellungnahmen und Ablehnung der Souveränität als vorgeblich rückständig, überholt bzw. undemokratisch
- Kontroverse zwischen Universalisten, Nationalisten und Partikularisten
- Ansatzpunkte zu einer Erneuerung der Volkssouveränität im demokratischen Rechtsstaat

Vorwort

Souveränität bedeutet das Recht zur Letztentscheidung sowohl nach innen wie nach außen. Die staatliche Souveränität ist unteilbar. Angesichts der zwischenstaatlichen Konflikte in Europa und in der ganzen Welt liegt der Schwerpunkt der Diskussion zumeist allerdings auf der äußeren oder außenpolitischen Souveränität. Es gibt aber auch schwerwiegende innerstaatliche Konflikte, die sich bis zum Bürgerkrieg steigern und die Souveränität bedrohen können. Kommt es zum Bürgerkrieg, wird dieser oft von Nachbarstaaten weiter angeheizt, wie z. B. in Syrien. Bei einem Staatsnotstand muss die Regierung besondere Maßnahmen zum Schutz des Staates und seiner Bürger ergreifen (Voigt 2013). In einer solchen Situation gilt der Satz Carl Schmitts (1888–1985): „Souverän ist, wer über den Ausnahmezustand entscheidet" (Schmitt 1922, S. 11). Diese überaus pointierte Botschaft hat Schmitt in seiner Schrift „Politische Theologie" verkündet und damit die Diskussion um die Souveränität erheblich beeinflusst. Schmitt zufolge besteht das Wesen aller Politik in der souveränen Entscheidung.

Jeder Eingriff durch das Bundesverfassungsgericht in die innerstaatliche Souveränität, verkörpert durch den demokratischen Gesetzgeber, wird in der Öffentlichkeit heftig diskutiert. Dem stehen auf der anderen Seite Kompetenzabtretungen und -verlagerungen an europäische und andere supranationale sowie internationale Institutionen gegenüber, welche die äußere (aber auch die innere) Souveränität der Nationalstaaten z. T. drastisch einschränken. Diese Institutionen entwickeln – weit über den Buchstaben der europäischen Verträge hinaus – eine Eigendynamik, die insbesondere die nationalen Parlamente zu bloßen Erfüllungsgehilfen zu degradieren scheint. Zentrale Bereiche der Souveränität, wie Währungspolitik, Bankenaufsicht und weite Teile der Finanzpolitik sind auf die EZB übergegangen. Auch die EZB kann ihre Entscheidungen allerdings nur mit Zustimmung (oder Duldung) der Regierungen der wichtigsten Mitgliedstaaten und im Rahmen der vom globalen

Finanzsystem gesetzten Bedingungen treffen, die sie oft genug vor sich her treiben, sie ist daher selbst auch nicht vollständig „souverän".

In den Nationalstaaten treten zudem Akteure auf den Plan, die eine staatenübergreifende Ideologie durchzusetzen versuchen. Unter Berufung auf die Menschenrechte verpflichten sie Regierungen und Parlamente zu Entscheidungen, die von der Mehrheit des Volkes nicht verstanden und oft auch nicht gebilligt werden. Beispiele finden sich etwa in den verpflichtenden Lehrplänen für Schulen, in denen ein Bild von der Gesellschaft und der Sexualität (vor-)gezeichnet wird, das allenfalls eine Minderheitsposition wiedergibt. Diese selbsternannten Eliten betrachten das Volk als unmündig und maßen sich an, zu wissen, was die Menschen wollen (sollen). Damit wird zugleich die Volkssouveränität als ein „Relikt aus vergangenen Zeiten" aus den Angeln gehoben. Der Begriff der Volkssouveränität unterliegt dabei offenbar einem „kollektiven Verdrängungsprozeß" (Maus 2011, S. 22). Medien und selbsternannte Experten maßen sich an, die Nachfolge des Volkes angetreten zu haben. Tatsächlich stehen aber Menschenrechte und Volkssouveränität nicht „etwa (wie ein heute geläufiges Mißverständnis besagt) in einem Verhältnis der Konkurrenz, sondern der wechselseitigen Optimierung" (Maus 2015, S. 137). Es scheint so, als ob der Grund für die Ablehnung der Volkssouveränität in einer Demokratietheorie (sowie in einer Politik) zu suchen ist, die von einem latenten Misstrauen gegenüber dem Demos geprägt ist. „Der unbeschränkte Gebrauch der ‚vorstaatlichen Rechte' dieses Souveräns gilt nahezu all ihren Vertretern als hochgradig suspekt" (Abromeit 1999, S. 19).

Inhaltsverzeichnis

Einleitung 1

„Von allen juristischen Begriffen ist der Begriff der Souveränität am meisten von aktuellen Interessen beherrscht" (Schmitt 1922, S. 25). Er ist daher in jeder Epoche neu zu bestimmen. „Letztlich ist die Souveränität stets die Antwort auf eine bestimmte historische Problemlage" (Häberle 1967, S. 265). Bei der Lösung aktueller Probleme kann daher nur bedingt auf Souveränitätskonzepte zurückgegriffen werden, die aus vergangenen Jahrhunderten stammen. Zu unterschiedlich sind die Voraussetzungen für staatliches Handeln. Dennoch gibt es einige Kernbestandteile der Souveränität, die ihre Gültigkeit auch über die Jahrhunderte behalten haben. Es lohnt sich daher, auf die Souveränitätskonzepte früherer Staatsdenker zuzugreifen, um diese Kernbestandteile herauszuarbeiten. Dabei ist die Souveränitätslehre des französischen Parlamentsjuristen Jean Bodin (1529–1596) von besonderer Relevanz (Grimm 2009, S. 16 ff.).

Souveränität leitet sich als Begriff von dem französischen Wort „souveraineté" ab, das um das Jahr 1000 erstmals in einer Urkunde erwähnt wird, es bedeutet die höchste und unteilbare Staatsgewalt. Der souveräne Staat ist „Träger der existentiell wesentlichen politischen Entscheidungen" (Schmitt 1927, S. 65). Es ist das unteilbare und unveräußerliche Recht zur Letztentscheidung sowohl nach innen wie nach außen. Dabei handelt es sich also um einen doppelten Souveränitätsbegriff als Ausdruck sowohl der innerstaatlichen als auch der zwischenstaatlichen bzw. internationalen Ordnung (kritisch: Haltern 2007, S. 9). Nach wie vor gilt jedoch: Souverän ist nur, wer allein und letztverbindlich über das Wohl und Wehe seiner Bürger und Bürgerinnen entscheidet und hinsichtlich seiner Machtbefugnisse niemandem unterworfen ist (Grimm 2007, S. 71). Dazu gehören Entscheidungen über Strafe und Begnadigung, Währung und Steuern, über Beitritt oder Verlassen von Bündnissen, über Stärke und Bewaffnung der eigenen Streitkräfte, über die Stationierung fremder Truppen auf eigenem Territorium und letztlich über Krieg und Frieden. Bei der Souveränität geht es um die Einheit der Staatsgewalt

© Springer Fachmedien Wiesbaden 2016

R. Voigt, *Staatliche Souveränität*, essentials, DOI 10.1007/978-3-658-13181-4_1

(Huber 1934, S. 950 ff.), die zunächst in der Person des Monarchen als politischem Körper sichtbar zum Ausdruck kam (Därmann 2009, S. 80 ff.; Koschorke et al. 2007; Skinner 2012). Zugleich handelt es sich um den Gehalt von Staatlichkeit und um das Verhältnis von Staat und Recht (Grimm 2009). Dies betrifft in besonderem Maße das Verhältnis des Staates zu seinen Bürgern und Bürgerinnen.

> Jean Bodin hat 1576 in seinen „Les six livres de la République" (Sechs Bücher über den Staat) (Bodin 1981–1986) folgende Merkmale der Souveränität herausgearbeitet, die unveräußerlich sind:
> 1. Recht, über Krieg und Frieden zu entscheiden,
> 2. letztinstanzliche Gerichtsbarkeit,
> 3. Recht, Amtsträger ein- und abzusetzen,
> 4. Besteuerungsrecht,
> 5. Begnadigungs- und Dispensierungsrecht,
> 6. Recht, den Geldwert zu bestimmen,
> 7. Recht, einen Eid zu fordern.

Bei dem Souveränitätsbegriff können grundsätzlich zwei Bedeutungen unterschieden werden, eine formale und eine materielle Bedeutung (Baudet 2012, S. 65). Mit Hilfe dieser Unterscheidung lässt sich z. B. das besondere Verhältnis der Europäischen Union zu ihren Mitgliedstaaten besser erklären. Diese verfügen als konstitutionell unabhängige Staaten nach wie vor über die formale Souveränität. Dazu gehört das Recht und die Fähigkeit, Beziehungen mit anderen Staaten zu knüpfen. Die materielle Bedeutung von Souveränität gibt hingegen den Ort an, wo Entscheidungen getroffen werden. Die EU-Mitgliedstaaten haben in ihren Verfassungen bzw. in ihrer Gesetzgebung festgelegt, dass Hoheitsrechte auf die EU übertragen werden können und dass Verträge und supranationale Verpflichtungen die nationale Gesetzgebung überstimmen. Sie verzichten also auf einen Teil ihrer materiellen Souveränität, allerdings nur, „solange und soweit es der endgültige Souverän erlaubt" (Baudet 2012, S. 68). So bestimmt Art. 23 Abs. 1 Satz 2 Grundgesetz: „Der Bund kann hierzu [gemeint ist: zur Verwirklichung eines vereinten Europas] durch Gesetz mit Zustimmung des Bundesrates Hoheitsrechte übertragen". Das primäre („ursprüngliche") Gemeinschaftsrecht der EU (die europäischen Verträge werden als eine Art europäisches Verfassungsrecht betrachtet) gilt ohne weitere Umsetzung durch die nationalen Parlamente, das gilt auch für Verordnungen. Richtlinien und Entscheidungen sind hingegen sekundäres („abgeleitetes") Gemeinschaftsrecht, sie bedürfen eines Umsetzungsaktes durch den nationalen Gesetzgeber. Allerdings legen Richtlinien nicht nur ein Ziel, sondern auch einen Zeitrahmen für die Umsetzung fest. Wird eine Richtlinie nicht vollständig oder nicht rechtzeitig in nationales Recht umgesetzt, können sich Unionsbürger unter bestimmten Voraussetzungen vor den nationalen Gerichten direkt auf sie berufen. Empfehlungen und Stellungnahmen haben hingegen einen rechtlich unverbindlichen Charakter.

Bei der Souveränitätsdiskussion geht es um Personen, Institutionen und Verfahren, aber auch um Symbolik, Verkörperungen und nicht zuletzt um Emotionen. Die Debatte um die Souveränität wirkt in diesem Zusammenhang wie eine Art Katalysator: An der Souveränität prallen die gegensätzlichen Auffassungen aufeinander. Sieht die eine, eher als „konservativ" zu bezeichnende Seite darin eine Art „Fels in der Brandung", um im Mahlstrom der Geschichte zuverlässigen Halt zu finden, so ist es für die andere, eher „progressive" Seite die Wurzel allen Übels und der Quell der Unterdrückung, die „im Namen des Fortschritts" möglichst zu verschwinden hat.

Nach der Einleitung (1) werden im Folgenden zunächst zwei Grundtypen der Souveränität (2) vorgestellt, nämlich die Fürstensouveränität und die Volkssouveränität. Sodann werden die Grundlagen der Souveränitätsdiskussion (3) erörtert, wobei die Souveränitätslehre von Jean Bodin im Vordergrund steht. Neben ihrer Wirkkraft nach innen geht es bei der Souveränität gerade auch um ihre Bedeutung für das Verhältnis zu anderen Staaten. Dies wird am Beispiel des Westfälischen Staatensystems (4) dargestellt, dessen Kernbestandteil die Souveränität der europäischen Fürsten und ihr Recht zum Krieg ist. Im Zuge der Französischen Revolution wird die Fürstensouveränität in einem ersten Schritt zur Souveränität der Nation und schließlich zur Volkssouveränität (5). Es ist dies zugleich die Geburtsstunde des Nationalstaats. Auf die Begründung und die Ausübung bezogen werden hier drei Formen der Souveränität unterschieden: Parlamentssouveränität, Rechts- bzw. Verfassungssouveränität und (direkte) Volkssouveränität (6). Dies wird ausführlich an Beispielen sowie an den Souveränitätsvorstellungen ausgewählter Staatsdenker erörtert. Bei der Diskussion um den Wert oder Unwert souveräner Nationalstaaten ist die Kontroverse zwischen Universalismus und Partikularismus (7) von zentraler Bedeutung. Ein eigenes Kapitel ist der Kritik der Souveränität gewidmet, die von ganz unterschiedlichen Seiten erhoben wird (8). Dabei geht es nicht zuletzt um die Herausforderungen durch den weltweiten Terrorismus. Das Schlusskapitel widmet sich schließlich der Frage, ob sich Deutschland auf dem Weg zu einer neuen Souveränität (9) befindet oder eher umgekehrt, beständig und unaufhaltsam an Souveränität verliert. Steht am Ende dieses Weges womöglich die Transformation der Bundesrepublik Deutschland in ein mehr oder weniger (un-)selbständiges Mitgliedsland der Europäischen Union – vergleichbar den Einzelstaaten der USA?

„Ein Staat hört jedoch erst auf, souverän zu sein, wenn er nicht länger das Recht hat, sich aus internationalen Verpflichtungen zurückzuziehen" (Baudet 2012, S. 67). Das gilt auch für die Europäische Union. Während bis zum Inkrafttreten des Vertrages von Lissabon (1. Dezember 2009) der Austritt eines Mitgliedsstaates aus der EU nicht vorgesehen war, regelt diesen Fall nunmehr Art. 49a1 des Vertrages: „Jeder Mitgliedstaat kann im Einklang mit seinen verfassungsrechtlichen Vorschriften beschließen, aus der Union auszutreten".

Zwei Grundtypen der Souveränität 2

Will man der Entwicklungsgeschichte der Souveränität nachgehen, dann empfiehlt es sich, zwischen der ideengeschichtlichen und der realgeschichtlichen Seite zu unterscheiden. Beide Entwicklungen laufen keineswegs immer synchron, wenn sie sich auch gegenseitig beeinflussen. Während die Idee der Volkssouveränität bereits bei den Staatsdenkern des 17. Jahrhunderts weit verbreitet war (Skinner 2013), kommt ihre politische Realisierung erst viel später, nämlich am Ende des 18. Jahrhunderts, in Gang. Die Französische Revolution von 1789 markiert hierbei eine Zäsur, die in ihrer Bedeutung nicht zu überschätzen ist.

Dabei lassen sich nach dem Träger der Souveränität zunächst zwei Grundtypen unterscheiden, die Fürstensouveränität und die Volkssouveränität. Als Fürstensouveränität beschreibt Bodin die *summa potestas* (höchste Gewalt) des absoluten Monarchen. Der Ausspruch „*L'état, c'est moi*" (Der Staat bin ich) wird dem französischen König Ludwig XIV. (1638–1715) in den Mund gelegt, der dies am 13. April 1655 im Alter von 16 Jahren zu den Mitgliedern des Pariser *Parlement* (höchster Gerichtshof) gesagt haben soll, als diese über die von ihm erlassenen Edikte diskutieren wollten. Dem Monarchen schien jede Diskussion seiner Anordnungen nicht nur als überflüssig, sondern sogar als widersinnig und als unzulässig. Dieser Ausspruch bringt zum Ausdruck, dass der absolutistische Monarch zu seiner Zeit allein und unbestritten der Souverän war, die Fürstensouveränität wird zugleich als Staatssouveränität (beides ist nach dieser Vorstellung identisch) gedacht.

Im Gefolge der Französischen Revolution (1789) wird hingegen eine ganz eigene Art von Souveränität propagiert, die Volkssouveränität, die heute jeder modernen Verfassung – zumindest formal – zugrunde liegt. „Das Wort ‚Volk' ist ein relativer Begriff, dessen Bedeutung untrennbar mit der Vorstellung von der Souveränität verknüpft ist, denn die Vorstellung vom ‚Volk' erweckt diejenige einer Versammlung um ein gemeinsames Zentrum herum; und ohne Souveränität gibt es weder Zusammenhalt noch politische Einheit" (de Maistre 2000, S. 11 f.). Der

© Springer Fachmedien Wiesbaden 2016
R. Voigt, *Staatliche Souveränität*, essentials, DOI 10.1007/978-3-658-13181-4_2

Ursprung jeder Art von Souveränität liegt danach beim Volk. Dies ist eine zentrale Prämisse, die später immer wieder in Frage gestellt oder zumindest relativiert wird. Die französische Verfassung vom 13. Oktober 1946 ist in ihrem Artikel 3 noch eindeutig: „Die nationale Souveränität steht dem französischen Volke zu. Kein Teil des Volkes und kein Individuum kann sich ihre Ausübung anmaßen". Die Verfassung der Fünften Republik vom 4. Oktober 1958 schwächt diese klare Aussage aber bereits im Sinne des Repräsentationsprinzips ab: „Die nationale Souveränität liegt beim Volke, das sie durch Vertreter und durch Volksentscheid ausübt". Lediglich der Volksentscheid erinnert noch an die alte Souveränitätsformel.

Ein erster Schritt zur Begrenzung der Fürstensouveränität wird mit der Magna Carta Libertatum (Große Urkunde der Freiheiten) vom 15. Juni 1215 getan, die die Macht des Königs durch Vertrag begrenzt. Nach und nach wird die Allmacht des Monarchen mit der allmählichen Ausdifferenzierung einer Regierung und eines „Parlaments", das freilich zunächst noch keine gewählte Volksvertretung ist, zurückgedrängt. In England findet die Teilung der Gewalten, die 1748 der französische Jurist und Staatstheoretiker Charles de Montesquieu (1689–1755) zu seiner Schrift „De L'esprit de Lois" (Über den Geist der Gesetze) inspiriert hat (Montesquieu 1994), bereits zu einem relativ frühen Zeitpunkt statt. Der machtvolle Monarch, den Bodin im Blick hat, wird dann insbesondere im Gefolge der Französischen Revolution zunächst zu einem an die Verfassung gebundenen konstitionellen Monarchen, um später entweder durch einen Präsidenten ersetzt und/oder – in Staaten wie Großbritannien – auf eine rein repräsentative Funktion zurückgestutzt zu werden. Zugleich bewirkt die Französische Revolution eine ungeheure Machtballung bei der Zentrale. Gleichzeitig wird durch die Erklärung der Menschen- und Bürgerrechte (*Déclaration des Droits de l'Homme et du Citoyen*) vom 26. August 1789 durch die französische Nationalversammlung der Grundstein für Demokratie und Freiheit gelegt.

Noch in der Weimarer Republik kreist die staatstheoretische Diskussion um die Frage, mit welchem methodischen und verfassungspraktischen Instrumentarium der Verlust der Monarchie unter den Bedingungen der Republik kompensiert werden kann. Die Monarchie wird auch nach ihrem Sturz von Vielen als einheitsstiftend und daher als unverzichtbar empfunden (Hobe 1998, S. 73; vgl. Gangl 2011). Nach der Niederlage im Ersten Weltkrieg (1914–1918), dem Kieler Matrosenaufstand, dem Abdanken des Kaisers und dem Ausrufen der Republik ist es die Verfassungsinstitution des direkt vom Volk gewählten Reichspräsidenten, auf welche die Souveränität bezogen werden kann. Es ist eine Kombination der zwei Arten von Souveränität. Dem Grundsatz der Volkssouveränität wird Genüge getan, indem der Reichspräsident direkt durch das Volk gewählt wird. Zugleich verfügt der Reichspräsident aber auch über Befugnisse, die sich durchaus mit denen eines Monarchen vergleichen und an die Fürstensouveränität denken lassen.

Carl Schmitt (1895–1985) hat diesen Gedanken in seiner Schrift „Der Hüter der Verfassung" (1931) ausgeführt, in der er die zentrale Rolle des Reichspräsidenten im Verfassungsgefüge der Weimarer Republik besonders hervorgehoben hat. Dieser Gedanke liegt durchaus nicht fern, denn der Reichspräsident hat nach der Verfassung den Oberbefehl über die „gesamte Wehrmacht des Reiches" (Art. 47 WRV). Nur der Reichspräsident ist befugt, notfalls mit Hilfe der bewaffneten Macht die öffentliche Sicherheit und Ordnung wieder herzustellen (Art. 48 Abs. 2 WRV). Schon hier zeigen sich aber die parlamentarisch-demokratischen Einschränkungen der präsidialen Macht, denn der Reichspräsident hat von diesen Maßnahmen nicht nur unverzüglich den Reichstag zu unterrichten, vielmehr sind diese Maßnahmen auch auf Verlangen des Reichstags außer Kraft zu setzen. Und noch wichtiger erscheint die Festlegung in der Verfassung: „Kriegserklärung und Friedensschluss erfolgen durch Reichsgesetz" (Art. 45 Abs. 2 WRV), mit anderen Worten also durch die Legislative und nicht durch die Exekutive.

Zu Beginn des 21. Jahrhunderts gibt es allerdings nirgends in Europa noch eine Person, die kraft Verfassung allein über Krieg und Frieden entscheiden kann. Im Frankreich der Fünften Republik ist freilich der Präsident nach Art. 15 der Verfassung vom 4. Oktober 1958 auch Oberbefehlshaber der Streitkräfte. Zumeist sind es heute jedoch zahlreiche Institutionen, deren Zusammenwirken von der Verfassung bei dieser schwierigen Entscheidung verlangt wird. Dass die staatliche Souveränität nach wie vor von großer (auch praktisch-politischer) Bedeutung ist, zeigt sich z. B. im Grundgesetz, das jeden eindeutigen Bezug auf die Souveränität der Bundesrepublik Deutschland vermeidet. Berlin wurde unter alliierten Vorbehalt (Letztentscheidungsrecht) gestellt, Westberlin gehörte offiziell nicht zur Bundesrepublik, die Berliner Abgeordneten zum Bundestag durften nicht direkt gewählt werden, ihre Stimmen bei den Abstimmungen im Bundestag mussten gesondert gezählt werden. Tatsächlich wurde die Bundesrepublik als allenfalls teilsouveräne Gebietskörperschaft gegründet, der erst mit der Wiedervereinigung und dem Zwei-Plus-Vier-Vertrag von 1990 die volle staatliche Souveränität zuerkannt wurde. Erst auf dieser Grundlage konnte zur Hauptstadt der Bundesrepublik Deutschland werden.

Grundlagen der Souveränitätsdiskussion 3

Bereits vor 435 Jahren hat Bodin die theoretischen Grundlagen für das Souveränitätsdenken gelegt: „Unter der Souveränität ist die dem Staat eigene, absolute und zeitlich unbegrenzte Gewalt zu verstehen [...]" (Bodin 1981, S. 205). Danach bedeutet Souveränität die höchste Befehlsgewalt im Staate (*majestas*) (Bodin 1981, S. 19), sie ist Ausdruck der höchsten Macht (*potestas*), der Einheit und Unteilbarkeit. „Souverän ist, wer allen Untertanen das Gesetz vorschreiben kann, über Krieg und Frieden entscheidet, die Beamten und Magistrate im Lande ernennt, Steuern erhebt, von ihnen befreit, wen er will, und zum Tode Verurteilte begnadigt" (Bodin 1981, Buch I, Kap. 10, S. 285 f.).

In einer höchst gefährlichen Krise Frankreichs – verursacht durch konfessionelle Auseinandersetzungen zwischen Katholiken und Protestanten – hat Bodin es unternommen, den König zur höchsten Autorität des Staates zu stilisieren, der auch den Bürgerkrieg beenden kann. Immerhin erschien Bodins Buch vier Jahre nach der blutigen Bartholomäusnacht vom 24. August 1572, in der Tausende von Hugenotten ermordet worden sind. Bodin benutzt die Souveränitätsidee dazu, den französischen Staat mit Hilfe des Monarchen gegen die streitenden Parteien im konfessionellen Bürgerkrieg des 16. Jahrhunderts zu verteidigen (Steiger 1966, S. 18). Aus dem sakral geweihten Träger einer Krone wird so ein souveränes Staatsoberhaupt, aus dem *superior* ein *supremus* (aus dem Höheren ein Höchster) (Heller 1992, S. 35). Wichtigste Aufgabe des Monarchen ist nunmehr die Herstellung und Aufrechterhaltung des inneren Friedens.

Dabei unterliegt der Monarch zwar nicht den von Menschen gemachten Gesetzen, aber doch naturrechtlichen und moralischen Bindungen (*lois divines et naturelles*). Bodin selbst formuliert bereits eindeutig: Der souveräne Fürst ist nicht befugt, „die Grenzen der Naturgesetze und des Gesetzes Gottes [...] zu überschreiten [...]" (Bodin 1981, S. 235). Verletzt der Souverän diese Grundsätze, dürfen die Untertanen ihm den Gehorsam verweigern (Bodin 1981, S. 293 ff.; Quaritsch

© Springer Fachmedien Wiesbaden 2016
R. Voigt, *Staatliche Souveränität*, essentials, DOI 10.1007/978-3-658-13181-4_3

1970, S. 41). Erst der englische Staatsphilosoph Thomas Hobbes (1588–1679) stellt 1651 in seinem „Leviathan" mit einem berühmt gewordenen Satz fest, dass nicht die Wahrheit, sondern die staatliche Autorität Gesetze gibt: „Auctoritas non veritas facit legem" (Hobbes 1992). Auch für Hobbes selbst ist der Bürgerkrieg der Ausgangspunkt.

Das Westfälische Staatensystem 4

Für die äußere Souveränität ist seit dem 17. Jahrhundert vor allem der Westfälische Frieden von 1648 von zentraler Bedeutung. Mit ihm wird nicht nur der Dreißigjährige Krieg (1618–1648) durch Vertrag zwischen den wichtigsten Mächten Europas beendet, sondern auch die Souveränität der europäischen Fürsten und mit ihr das Recht zum Krieg (*ius ad bellum*) anerkannt. Fortan beruht das europäische Staatensystem, das Westfälische System, auf dem Prinzip der „Gleichheit" bzw. Gleichwertigkeit und Gleichberechtigung der Staaten. Innerhalb ihrer Grenzen besitzen die Staaten das Gewaltmonopol, nach außen ist ihnen keine Instanz übergeordnet. Zur fürstlichen Souveränität gehört fraglos das Recht, Krieg zu führen. Ein Krieg zwischen souveränen Fürsten gilt „prima facie", also ohne weitere Begründung, als gerechter Krieg (kritisch: Walzer 1982). So entsteht ein Gleichgewicht der Flächenstaaten auf dem europäischen Kontinent, das zugleich Voraussetzung für die Anerkennung eines gemeinsamen Rechts, des *Jus Publicum Europaeum*, ist (Schmitt 1950; Voigt 2005). Dieses gemeinsame Recht schafft den Rahmen für eine Sphäre des Friedens und der Ordnung (Schmitt 1950, S. 68 f.). Wie lange dieses Westfälische System gehalten hat, ist umstritten.

Im Jahre 1651 hält Thomas Hobbes in seinem „Leviathan", der im Innern den Krieg Aller gegen Alle (*bellum omnia contra omnes*) zu einem Ende bringen will, das Recht des Souveräns zum Krieg gegen andere Souveräne für selbstverständlich. Er zieht damit die Konsequenz aus seinen eigenen Erfahrungen während des Englischen Bürgerkriegs (1642–1649). Aus seiner Perspektive ist die Abgrenzung nach außen unverzichtbare Voraussetzung für den inneren Frieden. Wichtigstes Herrschaftsinstrument neben den staatlichen Bürokratien werden die stehenden Heere, die nach dem Dreißigjährigen Krieg institutionalisiert werden. Von nun an werden Kriege nicht mehr mit Hilfe von Söldnern, Landsknechten und Kriegsunternehmern oder von Bürgermilizen geführt, sondern von staatlichen Armeen, die aus Steuermitteln finanziert werden (vgl. Voigt 2008). Der steigende Finanz-

© Springer Fachmedien Wiesbaden 2016
R. Voigt, *Staatliche Souveränität,* essentials, DOI 10.1007/978-3-658-13181-4_4

bedarf des Staates führt zu einer immer effektiver arbeitenden Finanzverwaltung, aber auch zu der Notwendigkeit, die Stände (noch nicht das Volk) angemessen an dem Prozess der Steuerbewilligung zu beteiligen. Das Budgetbewilligungsrecht wird zum vornehmsten, aber auch am härtesten umkämpften Recht zunächst der Ständeversammlungen und später der Parlamente. Die Neigung, Kriege zu führen, nimmt tendenziell zu. Dynastische Streitigkeiten um geerbte oder eroberte Territorien sowie Grenzstreitigkeiten lassen sich auf diese Weise – wie in einem Duell – zu einem Ende bringen (Clausewitz 1991). Nach Erreichen der Kriegsziele kann der bewaffnete Konflikt jedoch jederzeit mit Hilfe eines Friedensvertrages beigelegt werden. Carl Schmitt hat dies als die entscheidende Voraussetzung für die „Hegung" des Krieges, d. h. die Eindämmung und Begrenzung der Kriegshandlungen, gesehen (Schmitt 1963, S. 10).

Von der Souveränität der Nation zur Volkssouveränität

Die Französische Revolution führt erst in Frankreich und später auch in anderen Staaten zum Ende der Feudalherrschaft. Die Fürstensouveränität wird im Verlauf der Revolution zunächst durch die Souveränität der Nation ersetzt. In der ersten nachrevolutionären Verfassung heißt es, die Souveränität „gehört der Nation", wie Titel III, Art: 1 der Französischen Verfassung von 1791 formuliert. Die ausführende Gewalt ist allerdings dem König übertragen (Titel III, Art. 4; Kap. IV), der die Zustimmung zu den Beschlüssen der gesetzgebenden Körperschaft – wenn auch nur mit aufschiebender Wirkung – verweigern kann (Titel III, Abschn. III, Art. 1). Und weiter heißt es zur Souveränität: „Kein Teil des Volkes und keine einzelne Person kann sich ihre Ausübung aneignen". „Die Nation, von der allein alle Gewalten ihren Ursprung haben, kann sie nur durch Übertragung ausüben" (Titel III, Art. 2). Damit sind – neben dem Bekenntnis zur nationalen Souveränität – drei grundlegende Entscheidungen getroffen worden, die große Auswirkungen auf andere Staaten haben sollten.

Geburt des Nationalstaats In der Französischen Revolution wird der Nationalstaat aus der Taufe gehoben, der in der Folgezeit zum wichtigsten Modell für moderne Staatlichkeit wird (vgl. Salzborn 2011). „Nicht mehr der göttliche Körper des Königs, sondern die geistige Identität der Nation bestimmte nunmehr Territorium und Bevölkerung als ideale Abstraktionen. [...] Der moderne Begriff der Nation stand somit in unmittelbarer Nachfolge des patrimonialen Körpers des monarchischen Staates und erfand diesen in neuer Form" (Hardt und Negri 2003, S. 108 f.).

Im Namen der Nation Zum anderen wird kategorisch festgestellt, dass die Kompetenzen innerhalb des Staates im Namen der Nation durch die Verfassung den einzelnen Gewalten übertragen werden.

Repräsentativverfassung „Repräsentativregierung bedeutet, dass das Volk als Ganzes oder doch zu einem beträchtlichen Teil durch periodisch gewählte Vertreter die in jedem Verfassungssystem notwenige oberste Kontrollgewalt ausübt. Diese oberste Gewalt muss ungeteilt in den Händen des Volkes liegen" (Mill 2013, S. 77). Mit dieser Aussage hat John Stuart Mill (1806–1873) in seinen „Considerations on Representative Government" (Betrachtungen über die Repräsentativregierung) den Schwerpunkt seiner Überlegungen bereits 1863 auf die Volkssouveränität gelegt. Damit hat er starken Einfluss auf die späteren Verfassungen genommen

Freilich handelt es sich noch nicht um eine Repräsentativverfassung im heutigen Sinne, denn das Parlament entscheidet als Legislative nicht allein bzw. letztverbindlich. Die Gesetzesvorschläge werden vielmehr erst dann „Gesetze", wenn ein bestimmter (festgelegter) Anteil der Urversammlungen binnen 40 Tagen nicht reklamiert hat. Die Urversammlungen, die je einen Abgeordneten wählen, setzen sich aus den Bürgern, die seit 6 Monaten in einem Kanton wohnen, zusammen. „Sie bestehen aus mindestens 200, höchstens 600 Bürgern, die zusammengerufen sind, um abzustimmen" (Art. 12 der Verf. von 1793). „Wenn eine Reklamation erfolgt, beruft die gesetzgebende Körperschaft die Urversammlungen ein" (Art. 60), die dann mit „ja" oder „nein" abstimmen. In der zweiten revolutionären Verfassung von 1793 ist nicht mehr von der Nation als Souverän die Rede. Vielmehr heißt es in Art. 7 unter der Überschrift „Von der Volkssouveränität": „Das souveräne Volk ist die Gesamtheit der französischen Bürger". „Es wählt unmittelbar seine Abgeordneten" (Art. 8). Und: „es beschließt die Gesetze" (Art. 10). Von der Nationalversammlung als gesetzgebender Körperschaft werden Gesetze vorgeschlagen und mit einem Bericht versehen, Gesetz und Bericht werden allen Gemeinden der Republik übersandt.

Der Genfer Philosoph Jean-Jacques Rousseau (1712–1778) hat sich stets strikt gegen eine Repräsentativverfassung ausgesprochen und stattdessen die direkte Beteiligung des Volkes vorgesehen: „Die Souveränität kann nicht vertreten werden aus eben dem Grunde, weshalb sie auch nicht veräußert werden kann. Sie besteht ihrem Wesen nach im allgemeinen Willen und der Wille läßt sich nicht vertreten. Er ist es selbst oder er ist ein andrer; ein Mittleres ist hier nicht denkbar. Die Abgeordneten des Volkes sind also nicht seine Repräsentanten und können es nicht sein; sie sind nur seine Geschäftsführer und können also nicht unabänderlich beschließen" (Rousseau 1978, S. 79).

Dieses Souveränitätsverständnis geht im Folgenden jedoch in den meisten Staaten – mit Ausnahme der Schweiz – weitgehend verloren, während – angelehnt an das englische Beispiel, das sogenannte Westminster-Modell, – das Parlament als mehr oder weniger unabhängige Versammlung der Repräsentanten des Volkes immer stärker in den Vordergrund rückt. Allerdings sind die Abgeordneten durch das

Persönlichkeitswahlrecht stärker an ihren Wählern orientiert, als das im kontinentaleuropäischen Listenwahlsystem der Fall ist. Im deutschen Kaiserreich tritt das demokratisch gewählte Parlament, der Reichstag, hingegen erst ganz allmählich aus dem Schatten von Kaiser und Reichskanzler heraus. Der Kaiser steht dabei nicht allein mit der Auffassung, er sei der deutsche Souverän; große Teile der politischen Elite und eine Mehrheit des Volkes bestärken ihn vielmehr in dieser Sichtweise (Anschütz 1925). Die Reichsverfassung von 1871 deckt diesen Anspruch auf Letztentscheidung freilich nur teilweise. So vertritt der Kaiser danach das Reich zwar völkerrechtlich, er ist im Namen des Reichs aber nur dann allein zur Erklärung des Krieges berechtigt, wenn „ein Angriff auf das Reichsgebiet oder dessen Küsten erfolgt" (Art. 11 Abs. 2 RVerf). Andernfalls ist hierfür die Zustimmung des Bundesrates, der Vertretung der Bundesstaaten, erforderlich.

Formen der Souveränität 6

Die Unterscheidung zwischen Subjekt und Träger der Souveränität geht auf den Weimarer Staatsrechtslehrer Hermann Heller (1891–1933) zurück (Heller 1934, S. 245 f.). „Die Staatsgewalt muss dem Rechte nach die höchste und der Macht nach regelmässig die stärkste politische Gewalt auf ihrem Gebiete sein, sonst ist sie weder souverän noch Staatsgewalt" (Heller 1934, S. 246). Der Staat selbst ist danach als oberster Normsetzer das Subjekt der Souveränität: „Die Ausdrücke Volks- oder Fürstensouveränität bezeichnen dagegen nicht das Subjekt, sondern den Träger der Souveränität in der Staatsorganisation" (Heller 1992, S. 245 f.). Heller geht es dabei nicht allein um rechtliche Normierungen, sondern um die politische Wirklichkeit, wenn er formuliert, dass der Begriff der Souveränität „die tatsächliche Fähigkeit einer Herrschaftseinheit" bezeichnet, auf ihrem Gebiet „regelmäßig jeden ihre Existenz bedrohenden Willensakt zu brechen" (Heller 1992, S. 616). „Nur kraft seiner Eigenschaft als höchste Entscheidungs- und Wirkungseinheit vermag er [der Staat] die Rechts- und Exekutionseinheit zu sichern [...]" (Heller 1934, S. 225). Dabei herrsche das Volk mit Hilfe von Repräsentation und Mehrheitsprinzip „als Einheit über das Volk als Vielheit". Nur so könne das Volk selbst zum Subjekt der Souveränität werden. Heller bezieht sich dabei ausdrücklich auf Rousseaus Konzept der *volonté générale* (vgl. Kersting 2003). Er plädiert jedoch letztlich für die Repräsentativregierung.

Neben der Ansicht Hellers, der Staat sei das Subjekt, das Volk hingegen Träger der Souveränität, lassen sich heute jedoch drei auf die Begründung und die Ausübung bezogene Formen der Souveränität unterscheiden (Abromeit 1995, S. 49–66). Dabei geht es um:

- Die Souveränität des Parlaments
- Die Souveränität der Verfassung (bzw. des Rechts)
- Die (direkte) Souveränität des Volkes.

© Springer Fachmedien Wiesbaden 2016

R. Voigt, *Staatliche Souveränität*, essentials, DOI 10.1007/978-3-658-13181-4_6

6.1 Parlamentssouveränität

Parlamentssouveränität ist typisch für repräsentative Demokratien, in denen die Wählerinnen und Wähler bei der Wahl für Abgeordnete stimmen, die – idealtypisch – ihre Interessen im Parlament und ggf. mithilfe der Regierung vertreten sollen. Das bringt z. B. Art. 38 Abs. 1 Satz 2 GG zum Ausdruck: „Sie [die Abgeordneten] sind Vertreter des ganzen Volkes, an Aufträge und Weisungen nicht gebunden und nur ihrem Gewissen unterworfen". Mit der Stimmabgabe legen die Wählenden also ihre Entscheidungsmacht in die Hände der Gewählten. Ob das nach dem Mehrheits- oder Persönlichkeitswahlrecht geschieht, wie in Großbritannien, oder nach dem Verhältnismäßigkeits- oder Listenwahlrecht, wie in anderen Ländern, spielt dabei zunächst noch keine Rolle. Grundlegend wichtig für die Legitimation einer repräsentativen Demokratie ist aber, dass eine ununterbrochene Legitimationskette zwischen den Repräsentierten und den Repräsentanten besteht (Böckenförde 1983, S. 299 ff.). Ist diese Kette unterbrochen, handelt es sich nicht mehr um eine legitime Herrschaftsausübung (Voigt 2015b).

Beispiel Großbritannien Großbritannien hat eine alte Parlamentstradition, und es verfügt bekanntlich weder über eine geschriebene Verfassung noch über ein Verfassungsgericht. Es ist somit ein gutes Beispiel für die Souveränität des Parlaments, wie sie in der Formel von der Parlamentssouveränität zum Ausdruck kommt. Diese Formel gilt seit dem *Constitutional Settlement* von 1689 für England, das am Ende der Glorious Revolution (Glorreiche Revolution 1688/1689) steht: „The principle of Parliamentary sovereignty means neither more or less than this, namely that Parliament [...] has [...] the right to make or unmake any law whatever; and, further, that no person or body is recognized by the law of England as having a right to override or set aside the legislation of Parliament" (Dicey 1959, S. 39 f.). Nach dem Sturz von König Jakob II. tritt Wilhelm III. von Oranien an dessen Stelle. Träger der Staatssouveränität ist nunmehr der König in Verbindung mit dem Parlament (King-in-parliament).

Auch nach dem Übergang der Herrschaft vom König auf das Parlament ist die alte königliche Suprematie also ungeteilt und unbeschränkt erhalten geblieben. Sie wird jetzt allerdings vom Monarchen auf das britische Parlament, das Unterhaus, übertragen (Abromeit 1995, S. 52). Der Monarch ist künftig nur noch eine Galionsfigur, die etwa zur Parlamentseröffnung eine von der Regierung im Wortlaut vorgeschriebene Rede zu verlesen hat. Für das deutsche Kaiserreich (1871–1918) gilt die Parlamentssouveränität nicht, steht dem Reichstag doch der Bundesrat gegenüber, der die Fürstensouveränität repräsentiert. Die Reichsregierung wird nicht vom Parlament bestimmt, der Reichskanzler bedarf vielmehr des Vertrauens des Kaisers, nicht des Reichstags. Die übrigen Mitglieder der Reichsregierung sind lediglich dem Reichskanzler untergeordnete Staatssekretäre, nicht jedoch Minister mit eigener Ressortverantwortung. Die Parallele zu der Regierung der Vereinigten Staaten von Amerika erschließt sich auf den ersten Blick. Auch dort sind die Leiter der Ressorts „secretaries", die dem Präsidenten der USA unterstehen. Ihre Kompetenzen können jederzeit reduziert bzw. auf andere Funktionsträger (z. B. Sicherheitsberater) übertragen werden.

Beispiel Weimarer Republik Auch die Verfassung der Weimarer Republik (1919–1932/1933) konstituiert keine absolute Parlamentssouveränität, obgleich das Reich gegenüber den Ländern gestärkt und ihre Mitwirkungsmöglichkeiten im Reichsrat stark reduziert werden. Dem Reichstag wird zwar die Gesetzgebungskompetenz zugewiesen, zugleich wird diese jedoch durch Elemente der direkten Demokratie (Volksbegehren, Volksentscheid, Art. 73 WRV) eingeschränkt (Schmitt 1929). Zudem steht dem direkt gewählten Reichspräsidenten mit dem Notverordnungsrecht des Art. 48 WRV ein machtvolles Instrument zur Gesetzgebung für den Fall der Uneinigkeit des Parlaments zur Verfügung. Er ist zwar nicht der Souverän im Verfassungssinne, er personifiziert aber den Staat in besonderer Weise. Bei Feldmarschall Paul von Hindenburg handelt es sich zudem um einen „Kriegshelden", den Sieger von Tannenberg, jener großen Schlacht in Ostpreußen, in der bei Allenstein 1914 die russische Armee vernichtend geschlagen wurde. In den Zeiten der Not wird Hindenburg für viele Deutschen zum „Ersatzkaiser".

Beispiel Bundesrepublik Deutschland Das Grundgesetz der Bundesrepublik Deutschland vom 23. Mai 1949 geht demgegenüber von einer eindeutigen Präferenz des Parlaments aus. Der Bundestag wählt den Bundeskanzler und beschließt die Gesetze. Der in den ersten Jahrzehnten der Bundesrepublik zur Charakterisierung des politischen Systems häufig gebrauchte Begriff der „Kanzlerdemokratie" ist daher – zumindest aus verfassungsrechtlicher Sicht – irreführend. Er hat allenfalls darin seine Rechtfertigung, dass der Bundeskanzler als einziges Mitglied der Bundesregierung vom Bundestag gewählt wird und dann seine Minister dem Bundespräsidenten zur Ernennung vorschlägt. Im deutschen Bundesstaat ist der Bundestag nicht alleiniger Gesetzgeber, vielmehr wirkt dabei – nahezu gleichberechtigt – der Bundesrat als Vertretung der Länder – genauer: der Landesregierungen (Art. 51 Grundgesetz) – mit. Referenden oder Plebiszite gibt es zwar auf Länderebene, nicht jedoch im Bund. Die im Grundgesetz genannten „Abstimmungen" betreffen ausschließlich Fragen einer Neugliederung des Bundesgebietes (Art. 29 Grundgesetz). Hier ist sogar von „Volksbegehren" und „Volksentscheid" die Rede (Art. 29, Abs. 4 und 6 Grundgesetz). Diese Regelung spielt aber in der politischen Praxis heute keine Rolle mehr.

Im Grundgesetz kommt die Volkssouveränität lediglich in der Formel des Art. 20 Abs. 2 Grundgesetz zum Ausdruck: „Alle Staatsgewalt geht vom Volke aus. Sie wird vom Volk in Wahlen und Abstimmungen und durch besondere Organe der Gesetzgebung, der vollziehenden Gewalt und der Rechtsprechung ausgeübt". Rein verbal kommt die Volkssouveränität auch in der Formel der Urteilsverkündung deutscher Gerichte „Im Namen des Volkes" zum Ausdruck (z. B. § 268 Abs. 1 Strafprozessordnung). Da die Entscheidung der Richter an das Gesetz des demokratischen Gesetzgebers gebunden ist, wird fingiert, dass die Richter als Vertreter des Souveräns Volk Recht sprechen. Eine echte Geschworenengerichtsbarkeit wie z. B. in den USA (6. und 14. Zusatzartikel zur Verfassung) und in Großbritannien gibt es in Deutschland seit 1924 allerdings nicht mehr (Gneist 1849). Anders als die Richter in anderen Kulturen tragen deutsche Richter – ebenso wie die Staatsanwälte und die Rechtsanwälte – lediglich schlichte Roben und selbstverständlich keine Perrücken wie britische Richter. Die deutschen Richterroben unterscheiden sich allerdings nach dem Gerichtszweig. Bei allen deutschen Gerichtsbarkeiten fehlt jedoch der Hermelinbesatz als Hinweis auf die Rolle des Richters als Stellvertreter des Königs.

6.2 Rechts- und Verfassungssouveränität

Ohne funktionierenden Rechtsstaat und ohne verbindliche völkerrechtliche Regeln wird (materielle) Souveränität rasch zur bloßen Willkür. Der Gedanke liegt daher nahe, in konsequenter Anwendung der Rechtsstaatskonzeption aus der Staatssouveränität eine „Rechtssouveränität" zu entwickeln. Dies hat der niederländische Rechtsphilosoph Hugo Krabbe (1857–1936) in seiner Schrift des Jahres 1906 „Die Souveränität des Rechts" getan, wo er schreibt: „Die Theorie der Staatssouveränität hat ihren Grund in der Vorstellung, dass die Gewalt in einem *persönlichen* Befehlsrecht wurzele. Die Theorie der Rechtssouveränität beruht auf dem Gedanken einer *unpersönlichen*, den Rechtsnormen, eben weil sie *Rechtsnormen* sind, eigenen Gewalt" (Krabbe 1906, S. 47). Die Verfassung wird hiernach als ein Gesetz verstanden, dem alle Bürger, Organe und Institutionen ausnahmslos und in gleicher Weise unterworfen sind. „Das Volk ist folglich eines von Gesetzesunterworfenen und hat keine darüber hinaus weisenden Rechte – auch nicht das der Verfassungsänderung, sofern die Verfassung ‚vernunftmäßig' ist" (Abromeit 1999, S. 23). Auf den ersten Blick scheint Österreich, an dessen erster Verfassung von 1920 Kelsen maßgeblich mitgewirkt hat, ein Paradebeispiel für diese Auffassung zu sein. Es hat – diesem Wortlaut entsprechend – ein Bundes-Verfassungsgesetz. Dem Volk werden hier aber durchaus Rechte bei der Verfassungsgebung zugestanden. Die

Änderung des Bundes-Verfassungsgesetzes, die wegen des Beitritts Österreichs zur Europäischen Union erforderlich geworden war, wurde nicht von National-rat und Bundesrat allein beschlossen, sondern dem österreichischen Volk in einer Volksabstimmung am 12. Juni 1994 zur Genehmigung vorgelegt.

Kann man aus dem Fehlen dieser Beteiligung des Volkes in der Bundesrepu-blik Deutschland folgern, dass der Gedanke der Souveränität mit dem modernen Verfassungsstaat unvereinbar ist (Kriele 1975, S. 59 ff., 104 ff.)? Oder sollte man solche vorstaatlichen Rechte als Reservatsrechte sinnvoll demokratisch einsetzen (Maus 1991, S. 137 ff.; Maus 2011)? Hierbei kommt es allerdings nicht zuletzt auf die Definition des Volkes an (vgl. Schmitt 1927, S. 48 ff.), das allzu oft mit dem „Stammtisch" gleichgesetzt wird. Zudem wird der Begriff „Volk" von den Regierenden ebenso wie von den Medien meistens vermieden und an seine Stel-le die statistische Größe „Bevölkerung" gesetzt. In der heutigen von zahlreichen Zuwanderern aus unterschiedlichen Kulturkreisen geprägten Gesellschaft ist ein ethnischer Volksbegriff in der Tat nicht (mehr) praktikabel. Aber „auch der de-mokratische ‚Volks'-Begriff ist dem postmodernen Bewusstsein abhanden gekom-men" (Maus 2011, S. 14 f.). Das gilt allerdings in erster Linie für die herrschenden Eliten aus Politik, und Wirtschaft, Medien, Kunst und Wissenschaft. Die große Beliebtheit der Volksmusik und der Stolz auf die Fußball-Nationalmannschaft zei-gen jedoch, dass „Volk" und „Nation" lediglich auf unpolitische Bereiche „aus-gelagert" worden sind. Politische Urteilsfähigkeit gestehen die genannten Eliten nur der „politisch zuverlässigen" sozialen Oberschicht zu, dem „einfachen" Volk sprechen sie diese aber ab. Politische Probleme gelten als zu komplex, als dass sie von den ungebildeten „Massen" verstanden und verantwortungsbewusst entschie-den werden könnten.

Kelsens negativer Souveränitätsbegriff Der Weimarer Staatsrechtslehrer Hans Kelsen (1881–1973) ist einer der vehementesten Kritiker des herkömmlichen – auf Staat und Nation bezogenen – Souveränitätsverständnisses. Mit seinem radikalen Positivismus wendet er sich strikt gegen die ideengeschichtliche Tradition der Sou-veränität (vgl. Kelsen 1981, S. 12 ff.). „Die Verabsolutierung des Staates, die mit-tels des Souveränitätsbegriffs vollzogen wird, ist ja das charakteristische Merkmal der modernen Staatstheorie. Dadurch und nur dadurch gelingt es der Theorie, den Staat von allen anderen Verbänden [...] prinzipiell und absolut zu unterscheiden" (Kelsen 1925, S. 116).

Mit den auf Bodin zurückgehenden Vorstellungen von der Souveränität hat Kel-sens Souveränitätslehre wenig gemeinsam. Der „souveräne" Mensch ist aus Kel-sens Sicht nicht anderen Menschen oder gar einem Monarchen, sondern stets nur einer Norm unterworfen. Souveränität wird als normativer Begriff verstanden und damit von allen Aspekten realer Herrschaft „gereinigt". Eine souveräne Rechtsordnung ist insofern einzig, als es keine andere Rechtsordnung gibt, die mit ihr kollidiert (Baldus 1997, S. 389). Souveränität ist danach eine Kompetenzhoheit als Möglichkeit einer Ordnung, die Gegenstände ihrer Regelungen nach jeder Hinsicht selbst bestimmen kann. Anders gewendet: „Souveränität ist der Durchgangspunkt von der Staatslehre zur Rechtslehre" (Hebeisen 1995, S. 168, 180). Noch pointierter formuliert Kelsen selbst: „Souveränität ist Eigenschaft des Rechtes, *weil* Eigenschaft des Staates" (Kelsen 1981, S. 102). Kelsens Kontrahent in der Weimarer Staatsrechtsdebatte, Hermann Heller, hat das bekanntlich mit dem Schlagwort, es handele sich um eine „Staatslehre ohne Staat", kritisiert (Heller 1992).

Die ursprüngliche Idee von der Freiheit des Individuums kritisiert Kelsen als „asozial" und verlangt einen Wandel dieser Idee von der Freiheit von normativer Ordnung zur Freiheit unter normativer Ordnung. Die individuelle Freiheit müsse zur *sozialen Freiheit* werden (Kelsen 1967, S. 388). Der freie Staat ist jener, dessen Form die Demokratie ist, weil der Wille des Staates oder die Rechtsordnung von denjenigen selbst erzeugt wird, die dieser Ordnung unterworfen sind" (Kelsen 1925, S. 325 f.).

Das für parlamentarische Demokratien charakteristische Mehrheitsprinzip gilt ihm als jene „Annäherung" an das Prinzip der Freiheit, das in der politischen Praxis realisierbar sei (Somek 2001, S. 9 mit Bezug auf Kelsen 1963, S. 55). Versteht man – mit Kelsen – die Rechtsordnung als autonom vom Staat und die Staatsfunktion als Rechtsetzungsfunktion (Kelsen 1925, S. 248 f.), dann kann Souveränität nur ein Bestandteil der unpersönlichen Rechtsordnung sein. Sie bezeichnet dann die ausschließliche Geltung der staatlichen Rechtsordnung, die Einheit dieser Ordnung und den freien Willen der souveränen staatlichen Ordnung als Rechtsordnung (Hebeisen 1995, S. 22 f. unter Bezug auf Kelsen 1925, S. 103 ff. sowie S. 224).

Verfassung als Ersatz für demokratische Willensbildung? Das US-amerikanische Verfassungsdenken zieht aus ähnlichen Überlegungen den Schluss, dass sich die Volkssouveränität in dem einmaligen Akt der Verfassungsgebung von 1787 erschöpft habe (Maus 2011, S. 11). Fortan kontrollieren sich die teilsouveränen Gewalten gegenseitig. Das Volk wählt zwar direkt die Mitglieder des Kongresses und indirekt – über Wahlmänner – den Präsidenten, hat im Übrigen aber lediglich in Gestalt einer kritischen Öffentlichkeit Einfluss auf die Politik. Für das Verhältnis von Volk und Verfassung bedeutet das letztlich, dass demokratische Willensbildung „durch die Interpretation ‚souveräner', vorgegebener Verfassungsinhalte ersetzt" wird (Maus 1991, S. 140). An die Stelle der Volkssouveränität, der allenfalls in Form eines Lippenbekenntnisses genüge getan wird („im Namen des Volkes"), tritt die Verfassungssouveränität. Diese Auffassung bestimmt den westlichen Verfassungsstaat, sie geht davon aus, „daß das Volk die Hoheit nur in dem Moment hat, wo es eine Verfassung in Kraft setzt, in dieser Verfassung gibt es seine Souveränität an gewählte Volksvertreter ab. Von da ab wird die Souveränität repräsentiert und ist als Volkssouveränität erloschen. Der Gesellschaftsvertrag wird so interpretiert, daß das Volk nach Vertragsabschluß nicht weiterlebt, sondern im Vertragsabschluß ‚stirbt'" (Tönnies 1994, S. 57).

Darf das Volk das „verfassungsfeste Minimum" ändern? Aus dieser Sicht wird auch eine weit verbreitete Interpretation des Art. 79 Abs. 3 Grundgesetz verständlicher. Danach ist eine „Änderung dieses Grundgesetzes, durch welche die Gliederung des Bundes in Länder, die grundsätzliche Mitwirkung der Länder bei der Gesetzgebung oder die in den Artikeln 1 und 20 niedergelegten Grundsätze berührt werden, […] unzulässig". Wenn dieses sogenannte „verfassungsfeste Minimum" auf keinen Fall und durch niemanden (also auch nicht durch das Volk) geändert werden darf, wie manche Interpreten postulieren, dann steht diese Verfassungssouveränität offenbar über der Volkssouveränität, weil das Volk seine Souveränität (angeblich) abgegeben hat (Hesse 1959, S. 115 f.). Das Pikante daran ist freilich, dass das deutsche Volk auf dem Wege der Grundgesetzgebung – Ausarbeiten der Vorlage durch den von den Landtagen gewählten Parlamentarischen Rat, Verabschiedung durch die Landtage – seine Volkssouveränität gar nicht ausgeübt hat und daher auch nicht an Repräsentanten abgeben konnte. Dass das (im Übrigen sehr lebendige) Volk in zahlreichen Wahlen seither auf der Grundlage des Grundgesetzes sein Wahlrecht ausgeübt hat, ist jedenfalls kein Ersatz für die Ausübung der Volkssouveränität im Prozess der Verfassungsgebung. Die deutschen Ministerpräsidenten haben – sehr zum Ärger der alliierten Besatzungsmächte – bei ihrer Konferenz vom 8. bis 10. Juli 1948 darauf bestanden („Koblenzer Beschlüsse"), dass der von diesen eingeleitete Prozess keinesfalls zu einer Verfassung (das wäre das Höherwertige, das sogenannte „maius"), sondern lediglich zu einem Grundgesetz (das wäre das geringer Wertige, das sogenannte „minus") führen dürfe. Sie haben sich damals mit ihrer Auffassung, dass die Bundesrepublik nur eine Übergangslösung bis zu der (bald zu erwartenden) Wiedervereinigung sei, durchgesetzt.

6.3 Volkssouveränität

Ungeachtet der Tatsache, dass sich heute fast alle geschriebenen Verfassungen in irgendeiner Form auf das Volk als Souverän berufen, ist die Volkssouveränität selbst außerordentlich umstritten. Hermann Heller vertritt in seiner „Staatslehre" die Ansicht, dass „die juristische Lokalisierung der Souveränität im Volke durchaus keine blosse Fiktion, sondern eine politische Wirklichkeit" ist. Niemand könne bestreiten, „dass die Volkssouveränität ein Strukturprinzip der wirklichen politischen Machtverteilung ausdrückt" (Heller 1934, S. 247). Was ist heute unter der Volkssouveränität zu verstehen, und wie wirkt sie sich in der politischen Praxis aus? Es empfiehlt sich zunächst, zwischen der Volkssouveränität als abstraktem Verfassungsgrundsatz auf der einen Seite und einer in der politischen Praxis angewandten (direkten) Volkssouveränität auf der anderen Seite zu unterscheiden. Als Verfassungsgrundsatz ist die Volkssouveränität älter als die Lehre von der souveränen Gewalt des Staates, sie reicht bis ins Mittelalter zurück (Kielmansegg 1977). Rousseau zieht daraus die – logisch durchaus nachvollziehbare – Konsequenz, dass die beim Volk ruhende Gewalt den Regierenden nur auf Widerruf übertragen sein soll (Rousseau 1978, Buch I, Kap. IV). Aus dieser Sicht sind Regierungen nur Treuhänder des Volkes und diesem gegenüber rechenschaftspflichtig.

Heute wird Souveränität in einem demokratischen Staat zwar regelmäßig als Volkssouveränität verstanden. Es geht dabei jedoch lediglich um die Proklamation dieses Verfassungsgrundsatzes, womit letztlich nicht viel mehr als die „Binsenweisheit" verkündet wird, dass in den heutigen europäischen Verfassungen die Staatsgewalt nicht von der Fürstensouveränität abgeleitet wird. Das ist freilich gerade heute gar nicht das Problem, um das es geht.

Die „heilenden Kräfte" der Repräsentation Ein Problem liegt vielmehr darin, dass das Volk selbst nur beschränkt handlungsfähig ist, so dass die Volkssouveränität der Organisation bedarf, um politisch-praktische Wirkungen entfalten zu können. Kann damit die Volkssouveränität in Widerspruch zur Demokratie geraten? Die Bejahung dieser Frage hängt offensichtlich davon ab, ob man auch einer „Demokratie" ohne (praktizierte) Volkssouveränität den Status einer Demokratie zugesteht. Geht es womöglich nur darum, Wahlen nach bestimmten Regeln durchzuführen und damit Parlamente und Regierungen zu bestimmen, die sich den (von außen festgelegten) Vorschriften der „good governance" verpflichten? Das wäre freilich eine Uminterpretation des Demokratiebegriffs, die es schwer machen würde, diesen Verfassungstyp von autokratischen Staaten abzugrenzen. „Souveränität besteht ihrem Charakter nach in *einem* Willen". Ist daher die Behauptung, „daß das Volk in *einem* Willen zusammengeschlossen sein kann", tatsächlich der „Mythos des Totalitarismus", wie der deutsche Soziologe Ferdinand Tönnies (1855–1936) meinte (Tönnies 1994, S. 59)? Als Gegenmittel, gewissermaßen als Schutz des Volkes vor sich selbst, werden die „heilenden Kräfte" der Repräsentation beschworen.

Montesquieu hat dafür die „intermediären Gewalten" ins Spiel gebracht, unter denen man heute in erster Linie politische Parteien, Verbände und Medien verstehen kann. Fraglich ist in diesem Zusammenhang, wer dazu befugt sein soll, Inhalt, Umfang und Grenzen der Volkssouveränität zu bestimmen und wie groß der Spielraum für deren Organisation sein soll. Auch wenn verfassungsrechtlich die Abgeordneten des Bundestages als Repräsentanten des Volkes handeln, ist die politische Praxis von dieser Idealvorstellung oft weit genug entfernt. Darf die politische Praxis sogar so weit gehen, dass die eigentlichen Entscheidungen von einer kleinen Elite innerhalb oder sogar außerhalb des Staates – getroffen werden, und dem Volk – jenseits des periodisch zu vollziehenden Wahlvorgangs – praktisch keinerlei Handlungsoptionen verbleiben?

Art. 146 Grundgesetz trifft hierzu eine klare Aussage, die künftig durchaus erhebliche Auswirkungen auf die praktizierte (materielle) Volkssouveränität haben könnte: „Dieses Grundgesetz, das nach Vollendung der Einheit und Freiheit Deutschlands für das gesamte deutsche Volk gilt, verliert seine Gültigkeit an dem Tage, an dem eine Verfassung in Kraft tritt, die von dem deutschen Volke in freier Entscheidung beschlossen worden ist".

Der Parlamentarische Rat ist zwar davon ausgegangen, dass dieser Satz, der bis auf den Relativsatz wortgleich bereits im Grundgesetz des Jahres 1949 steht, mehr sein soll als bloß eine (in diesem Fall zudem höchst ideologische) Legitimationsformel. Das Grundgesetz sollte ja lediglich für eine Übergangszeit gelten, bis die Wiedervereinigung Deutschlands stattgefunden haben würde. Nach erfolgreich vollzogener Wiedervereinigung fragt es sich allerdings, ob dies von Politikern und Verfassungsrechtlern überhaupt noch als Ausprägung einer jederzeit aktivierbaren Volkssouveränität gesehen wird. Eher scheint es, als ob die politische Klasse mit der gegenwärtigen Situation sehr zufrieden wäre. Man führt die Volkssouveränität zwar in den Sonntagsreden im Munde, ist sich aber stillschweigend darin einig, daraus in der politischen Praxis keinerlei Konsequenzen für das eigene Handeln zu ziehen. Vielmehr ist es „der herrschenden Theorie des ‚Verfassungsstaates' (und dessen Praxis) gelungen, die verfassungsgebende Gewalt des Volkes in eine Ermächtigungsgrundlage umzudeuten, die die Gewalt der Staatsapparate begründen" (Maus 2011, S. 17). Sollte sich das Volk dieses unerhörten Vorgangs bewusst werden und dies zu ändern versuchen, müsste es seinen *pouvoir constituant* erst selbst wieder in Besitz nehmen (d. h. einfordern und womöglich erstreiten), um eine neue Verfassung „in freier Entscheidung" beschließen zu können. Die Volkssouveränität geht nämlich – ebenso wie die Grundrechte – der jeweils in Kraft gesetzten Verfassung voraus. Sie kann daher auch nicht vom Staat oder von der Verfassung gewährt, sondern lediglich gewährleistet werden. Wie das Beispiel der französischen Verfassungen zeigt, geht die Volkssouveränität nicht etwa mit dem Staat (z. B. der Vierten Republik) unter, sondern besteht auch in der Fünften Republik (wie in jeder weiteren Republik) unbeschadet weiter.

6.4 Welche Souveränität hat Vorrang?

Problematisch ist das Verhältnis der unterschiedlichen Souveränitätskonzepte zueinander. Welche Souveränität soll im Konfliktfall den Vorrang haben? Das Beispiel Großbritannien zeigt, dass eine echte Parlamentssouveränität keinen Eingriff von anderer Seite, z. B. durch die nationale oder gar supranationale Justiz, duldet. Nicht zufällig gibt es daher im Vereinigten Königreich, das keine geschriebene Verfassung hat, auch keine Verfassungsgerichtsbarkeit, die – wie das deutsche Bundesverfassungsgericht – Beschlüsse der gewählten Repräsentanten des Volkes im Parlament – für nichtig (weil verfassungswidrig) erklären könnte. Akzeptanzprobleme ergeben sich bei den Briten daher auch dann, wenn z. B. der Europäische Gerichtshof für Menschenrechte (EGMR) – gestützt auf die Europäische Konvention – ein vom Unterhaus verabschiedetes Gesetz moniert und eine andere Regelung fordert. In Großbritannien wurde daher bereits öffentlich darüber diskutiert, eine neue Rechtsregel einzuführen, der zufolge dem Unterhaus die Entscheidung darüber vorbehalten bliebe, ob ein Urteil des EGMR im Vereinigten Königreich umgesetzt wird oder nicht.

Das Beispiel Schweiz In Ländern, in denen Volksabstimmungen stattfinden müssen, wenn wichtige Fragen zur Entscheidung anstehen, kann es zu Konflikten mit Legislative und Regierung kommen, wie das Beispiel Schweiz zeigt. Hier gilt etwa die Regel des obligatorischen Referendums bei jeder Verfassungsänderung, bei dringlichen Bundesbeschlüssen, die keine Verfassungsgrundlage haben und bei Beitritten zu Organisationen kollektiver Sicherheit oder internationalen Institutionen und supranationalen Gemeinschaften. Diese Entscheidungen müssen laut Verfassung vom Volk in einer Abstimmung gebilligt werden. Etwas weniger streng ist das fakultative Referendum, das stattfinden muss, wenn mindestens 50.000 Stimmberechtigte oder acht Kantone (von insgesamt 26) das verlangen. Dabei müssen dem Volk vom Parlament beschlossene Bundesgesetze, bestimmte Bundesbeschlüsse und völkerrechtliche Verträge zur Abstimmung vorgelegt werden. Über Annahme oder Verwerfung der Vorlage entscheidet die Mehrheit der Abstimmenden, unabhängig davon, wie viele sich an dem Referendum beteiligen.

Bundesrat (Regierung) und Nationalrat (Parlament) sind an das Ergebnis eines Volksentscheids gebunden. Ihr Handlungs- und Entscheidungsspielraum wird dadurch u. U. erheblich eingeschränkt. Ein weiteres direktdemokratisches Verfahren ist die eidgenössische Volksinitiative, mit der die Stimmberechtigten verlangen können, dass die Verfassung vollständig oder in Teilen revidiert wird. Für die Zustimmung gilt allerdings das Quorum des sogenannten „doppelten Mehrs von Volk und Ständen", einer Vorlage müssen eine Mehrheit der Abstimmenden insgesamt und eine Mehrheit der Abstimmenden in der Mehrzahl der Kantone („Stände") zustimmen Wenn sich eine Volksinitiative z. B. gegen den Bau von Minaretten richtet, kann das zu erheblichem Streit mit der Öffentlichen Meinung in Nachbarländern führen. Dies gilt besonders dann, wenn das Volk mehrheitlich für diese Initiative stimmt und das Verbot in die Verfassung (Ziff. 3 zu Art. 72 Bundesverfassung) aufgenommen wird.

Das Beispiel Deutschland Auf der anderen Seite gibt es aber auch Unvereinbarkeiten zwischen Rechtssouveränität und Volkssouveränität. Dabei steht die Frage im Vordergrund, ob das Recht Voraussetzung der Souveränität des Volkes ist. In diesem Fall eines Vorrangs der Rechtssouveränität würde z. B. die Vorschrift des Art. 79 Abs. Grundgesetz, der zufolge eine Änderung des Grundgesetzes, „durch welche die Gliederung des Bundes in Länder, die grundsätzliche Mitwirkung der Länder bei der Gesetzgebung oder die in den Artikeln 1 und 20 niedergelegten Grundsätze berührt werden", bedeuten, dass eine solche Änderung nicht nur für den Verfassungsgesetzgeber, sondern auch für das Volk selbst unzulässig wäre. Bei einem Vorrang der Volkssouveränität wäre diese Schlussfolgerung hingegen falsch, denn übergeordnete Rechtssätze, die den Souverän binden würden, gibt es nach dieser Auffassung nicht. Das Volk gibt sich danach – idealtypisch – eine Verfassung mit einem ausschließlich von ihm selbst festgelegten Inhalt.

Die am Naturrecht orientierte Rechtsphilosophie vertritt demgegenüber den Vorrang der Rechtssouveränität vor der Volkssouveränität. Danach bildet das Recht die Grenze für die Souveränität des Volkes. Der Souverän ist an bestimmte Werte, wie z. B. die Unantastbarkeit der Menschenwürde, gebunden. Der deutsche Philosoph Otfried Höffe hat das in seinem Buch „Ist Demokratie zukunftsfähig?" so formuliert: „Eine Demokratie, die selbst für die grundlegenden Menschrechte Mehrheiten zuläßt, verletzt ihre Legitimität" (2009, S. 80). Menschenrechte dürfen nach dieser Ansicht also in keinem Fall verletzt werden, auch nicht durch qualifizierte Mehrheiten in Bundestag und Bundesrat. Das soll dann offenbar auch für den Souverän selbst, das Volk, gelten. Selbst dann, wenn man diesen Standpunkt teilt, fragt es sich jedoch, ob das auch für solche (westlichen) „Werte" gilt, die nicht von allen Kulturen geteilt werden. Hier muss offensichtlich stärker differenziert werden. Das Misstrauen des Grundgesetzgebers gegenüber dem deutschen Volk zeigt sich etwa in der Absage an Volksinitiativen oder Volksentscheide auf Bundesebene (abgesehen von dem inzwischen weitgehend bedeutungslosen Art. 29 Grundgesetz) sowie an eine direkte Volkswahl des deutschen Bundespräsidenten. In Österreich wird der Bundespräsident hingegen auf Grund des allgemeinen, gleichen, unmittelbaren, freien und persönlichen Wahlrechts vom Bundesvolk – also direkt – gewählt.

Dass die Idee vom Vorrang der Rechtssouveränität zumindest teilweise dem Grundgesetzgeber vorschwebte, zeigt etwa Art. 25 Grundgesetz, wonach die allgemeinen Regeln des Völkerrechts den Gesetzen vorgehen und „Rechte und Pflichten unmittelbar für die Bewohner des Bundesgebietes" erzeugen. Allerdings hat sich der Grundgesetzgeber auch hier offenbar gescheut, das Volk direkt anzusprechen (und sich damit gegen den pouvoir constituant des Volkes zu entscheiden), er hat stattdessen den unverbindlichen Begriff „Bewohner des Bundesgebietes" gewählt. Wie der von Politikern gern benutzte Begriff „Bevölkerung" handelt es sich hier jedoch lediglich um eine statistisch erfassbare Größe, die verfassungsrechtlich keine oder jedenfalls eine deutlich niedrigere Qualität als der Terminus „Volk" hat.

Gegen die Forderung nach einer weitestgehend unangetasteten Souveränität der Nationalstaaten wird oft als Gegenargument ins Spiel gebracht, dass „nationale Egoismen" die Durchsetzung von Menschenrechten behindere (Beck und Grande 2004). Wichtigstes Ziel einer Strömung, die man Universalismus nennen könnte, ist die weltweite Geltung von Prinzipien, die generell als Menschenrechte bezeichnet werden (Christophersen 2009). Ohne Rücksichtnahme auf die Wünsche der Menschen, kulturelle Besonderheiten oder auch parlamentarische Abstimmungsverfahren wird die Forderung erhoben, beispielsweise die Institution der bürgerlichen Ehe für homosexuelle Paare zu öffnen. Örtliche Besonderheiten und gewachsene Strukturen, die dem entgegen stehen, werden als partikularistisch und damit als überholt und letztlich unbeachtlich angesehen. Kein Staat hat danach das Recht, nach seiner eigenen Rechtskultur zu leben, sofern diese universalistischen Wertvorstellungen widerspricht.

Der Nationalstaat nimmt dabei eine Zwischenposition zwischen Universalismus und Partikularismus ein. Auf nationaler Ebene werden die im Staat bestehenden Partikularismen mit Hilfe des Bildungssystems, der Medien und anderer Sozialisationsagenturen zu einem übergreifenden Ganzen amalgamiert (Habermas 1998, S. 97). Auf diese Weise entsteht ein gemeinsames Nationalbewusstsein als kollektive Identität. Dabei ist die Kommunikation zwischen nationalem politischen System und der öffentlichen Meinung von zentraler Bedeutung, um die nötige Akzeptanz gesetzlicher Regelungen und Standards zu gewährleisten. Die politische Unabhängigkeit der Massenmedien spielt dabei eine zentrale Rolle, um der Unterdrückung „missliebiger" Meinungen zu entgehen. Nicht zufällig versuchen autoritäre Regime, jede Form der freien Meinungsäußerung, also auch Berichte über politisch unerwünschte Zustände – nicht nur im Fernsehen und in Zeitungen, sondern auch im Internet – zu unterdrücken. Sobald einem Staat jedoch bestimmte Wertvorstellungen von außen aufgezwungen werden, gerät er in ein Dilemma. Die

© Springer Fachmedien Wiesbaden 2016
R. Voigt, *Staatliche Souveränität*, essentials, DOI 10.1007/978-3-658-13181-4_7

Bürgerinnen und Bürger lehnen diese Vorstellungen womöglich ab. Durch eine erhebliche Zuwanderung aus anderen Kulturkreisen verschärft sich diese Situation noch, wenn unvereinbare Wertvorstellungen aufeinander treffen. So gilt z. B. Homosexualität nach den Vorstellungen der Mehrheit der Muslime – nicht nur in den islamisch geprägten Staaten, sondern auch in Europa, – als sündhaft und sollte bestraft werden. Auch sind die Einstellungen gegenüber Frauen (Gleichberechtigung) gerade bei Muslimen z. T. deutlich andere, als in den west- bzw. nordeuropäischen Gesellschaften vorausgesetzt wird und in den Verfassungen für Alle verbindlich festgeschrieben ist (z. B. Art. 3 Abs. 2 Grundgesetz).

Kritik der Souveränität 8

„Anstatt die Forschung über die Macht auf das Rechtsgebäude der Souveränität, auf die Staatsapparate und auf die sie begleitenden Ideologien auszurichten, glaube ich, dass man die Analyse auf die Herrschaft und nicht auf die Souveränität, auf die materiellen Operatoren, die Unterwerfungsformen, auf die Verbindungen und Verwendungen lokaler Systeme der Unterwerfung und schließlich auf die Wissensdispositive ausrichten muss" (Foucault 2003, S. 243). Foucaults „Mikrophysik der Macht" zielt aber nicht nur auf ein anderes Verständnis von Macht und Herrschaft, sondern kritisiert die Souveränität auch als ein überflüssiges, wenn nicht schädliches Relikt der Vergangenheit. Anknüpfend an das Bild von Ernst Kantorowicz (1895–1963) von den zwei Körpern des Königs, dem natürlichen und dem politischen Körper (Kantorowicz 1990), hat Foucault gefordert, dass nun auch in der politischen Theorie der Kopf des Königs rollen müsse (Foucault 1980, S. 121). Für Foucault wird der Staat völlig überbewertet, denn: „Alles in allem ist der Staat vielleicht nur eine bunt zusammengewürfelte Wirklichkeit, eine mystifizierte Abstraktion, deren Bedeutung viel beschränkter ist als man glaubt" (Foucault 2006, S. 163).

Tatsächlich wirken in einer globalisierten Welt mächtige, zumeist profitorientierte und nicht national gebundene Kräfte auf die Politik der Staaten ein. Eine eigenständige (souveräne) Politik demokratisch gewählter Regierungen wird problematisch, wenn die „Märkte" diese Regierungen jederzeit stürzen und statt ihrer Expertenregierungen ins Amt verhelfen können, die besser „funktionieren" als ihre politischen Vorgänger. Beispiele hierfür gibt es auch in Europa (Voigt 2012). Souveränität wird also gerade von Ökonomen nicht unbedingt als positiv angesehen, vielmehr gibt es auch aus dieser Richtung eine vielstimmige, scharfe und teilweise nachhaltige Kritik an der Souveränität. Zum einen wird die Souveränität der Nationalstaaten für viele Probleme dieser Welt verantwortlich gemacht. Danach sträuben sich die „egoistischen" Nationalstaaten, ihre Hoheitsrechte auf eine Einheit

© Springer Fachmedien Wiesbaden 2016
R. Voigt, *Staatliche Souveränität*, essentials, DOI 10.1007/978-3-658-13181-4_8

höherer Ordnung zu übertragen oder ganz einfach zugunsten des „Marktes" auf sie zu verzichten. Offenbar bestimmen die Aktionen der virtuellen Welt des globalen Finanzsystems ohnehin immer mehr die Reaktionen der nationalstaatlichen Regierungen. Hinhaltender Widerstand erscheint daher aus dieser pessimistischen Sicht als zumindest zwecklos, wenn nicht sogar schädlich.

Legitimation europäischer Zentralisierung? Umgekehrt können die Streitigkeiten („Eitelkeiten" und „Eifersüchteleien") der Nationalstaaten auf der supranationalen Ebene der Europäischen Union – vorgeblich – viel besser, gerechter und nachhaltiger bereinigt werden. Nur gelegentlich werden Fragen nach der demokratischen Legitimation solcher supranationaler Entscheidungen gestellt. Dabei wird zumeist auf das Europäische Parlament verwiesen. Diesem fehlt freilich selbst die formale Legitimation, die zunächst dadurch hergestellt werden müsste, dass erst einmal dem alten Grundsatz „one man one vote" durch gleiches Stimmrecht Geltung verschafft werden würde. Nach wie vor sind die großen Mitgliedsstaaten jedoch bei der Zahl der Abgeordneten signifikant unterpräsentiert. Das gilt besonders für die Bundesrepublik Deutschland. Im Europäischen Parlament ist Deutschland (82 Mio. Einwohner) mit 96 Abgeordneten, Malta (405.000 Ew.) hingegen mit sechs Abgeordneten vertreten. Dieses ungleiche Stimmgewicht wird beschönigend „degressive Proportionalität" genannt, es ist jedoch lediglich für zweite Kammern zulässig, für Parlamente hingegen nicht. Damit kann das Europaparlament kaum als „echtes" Parlament (Repräsentantenhaus) eingestuft werden, es fehlt ihm bereits als Institution die demokratische Legitimation.

Zum anderen geht es um den europäischen „demos", von dem doch – als demokratische Letztbegründung – vermutlich alle Gewalt abgeleitet werden müsste. Zudem fehlt es diesem staatsähnlichen Gebilde an einer Verfassung, da ein vom Europäischen Konvent erarbeiteter und von den Staats- und Regierungschefs der Europäischen Union unterzeichneter Entwurf erst in einem französischen (29. Mai 2005) und dann in einem niederländischen Referendum (1. Juni 2005) scheiterten. Dass es den europäischen „demos" – zumindest bisher – nicht gibt, ist andererseits jedoch auch kein Geheimnis. Zu unterschiedlich sind die Kulturen, Religionen und Sprachen in Europa, als dass sich hier eine Grundlage für ein europäisches Volk finden ließe. Es handelt sich nicht nur bei der Europäischen Währungsunion („Eurozone"), sondern auch bei der gesamten Europäischen Union um ein Projekt von abgehobenen Eliten, die meinen, die Zustimmung ihrer Völker nicht abfragen zu müssen, sondern vielmehr als gegeben unterstellen zu können. Wo die Verfassung zwingend eine Volksbefragung vorschreibt, wird ein „negatives" Ergebnis als politischer Unfall gewertet. Zur Korrektur eines solchen, offensichtlich „falschen" Ergebnisses wird häufig solange abgestimmt, bis das „richtige" Ergebnis herauskommt (Brown 2012, S. 55 ff.).

Befinden wir uns in einem „globalen Kriegszustand"? Eine andere Denkrichtung setzt die Souveränität mit Gewalt gleich und bringt sie – unter (falscher) Bezugnahme auf Carl Schmitt – mit dem Ausnahmezustand in Zusammenhang. Schmitts Formulierung „Souverän ist, wer über den Ausnahmezustand entscheidet" (Schmitt 1922, S. 13), wird so verstanden, dass der Monarch als Souverän den Ausnahmezustand nicht in die Rechtsordnung einbauen, sondern diesen vielmehr gerade ausschließen müsse (Agamben 2004, S. 67). Wenn der Ausnahmezustand hingegen in der Verfassung normiert ist, kann es z. B. nach Terroranschlägen zur Verhängung des Ausnahmezustandes kommen. In Frankreich kann der Präsident gemäß Art. 16 der Verfassung „nach offizieller Beratung mit dem Premierminister, den Präsidenten der Kammern sowie dem Verfassungsrat die unter diesen Umständen erforderlichen Maßnahmen ergreifen", z. B. „für den Fall unmittelbarer Gefahr durch schwere Gefährdungen der öffentlichen Ordnung". Die französische Regierung sah die terroristischen Anschläge vom 13. November 2015 in Paris als eine solche schwere Gefährdung der öffentlichen Ordnung („Kriegserklärung" des IS) an, woraufhin der Ausnahmezustand (État d'urgence) verhängt wurde. Der Ausnahmezustand erlaubt den Behörden z. B., Hausdurchsuchungen bei Tag und bei Nacht ohne richterlichen Beschluss durchzuführen. Auch andere bürgerliche Rechte können während seiner Geltung eingeschränkt werden. Die Behörden können Versammlungen und Demonstrationen verbieten und eine Ausgangssperre gegen Personen verhängen, „deren Verhalten sich als gefährlich für die öffentliche Sicherheit und die öffentliche Ordnung erweist". Es ist außerdem möglich, Schutzzonen um potenziell gefährdete Plätze oder Gebäude einzurichten. In Deutschland ist die (verfassungs-)rechtliche Lage hingegen erheblich komplizierter (Voigt 2013). Wie die Behörden im Falle eines terroristischen Anschlags, der den Ereignissen in Paris vergleichbar wäre, reagieren würden, kann nicht mit Sicherheit vorausgesagt werden.

Im Zeichen weltweit operierender terroristischer Netzwerke wird unterstellt, dass wir uns in einem „globalen Kriegszustand" befänden, „in dem Gewalt jederzeit zum Ausbruch kommen" könne (Hardt und Negri 2004, S. 265). So ist auch die Erklärung Präsident Hollandes zu verstehen: „Frankreich befindet sich im Krieg. Die Attacken vom Freitagabend in Paris und am Stade de France sind Kriegshandlungen. [...] Das ist ein Angriff auf unser Land, auf unsere Werte, auf die Jugend und unseren Lebensstil" (Deutschlandfunk, 17.11.2015). „Staat bedeutet Souveränität. Aber die Souveränität herrscht nur über das, was sie verinnerlichen, sich räumlich aneignen kann." Michael Hardt und Antonio Negri sind überzeugt davon, dass die Nationalstaaten zu schwach sind, um diesen Kriegszustand zu beenden. „Vielmehr bedarf es dazu einer neuen, globalen Form der Souveränität" (Hardt und Negri 2004, S. 266). „Das Empire ist das politische Subjekt, das diesen Austausch reguliert, die souveräne Macht, welche die Welt regiert" (Hardt und Negri 2002, S. 9). Diese globale Souveränität wird von Hardt und Negri der „Multitude" zugesprochen Diese Multitude sei weder Volk, Masse noch Arbeiterklasse. Im Gegensatz zum Volk bleibe die Multitude plural und vielfältig. Anders als die Masse bedeute sie zwar Vielfalt, sie sei aber nicht fragmentiert, anarchisch und zusammenhanglos. Sie sei in der Lage, die Gesellschaft selbstbestimmt zu gestalten, was Bourgeoisie und andere exklusive und beschränkte Klassenformationen gerade nicht könnten. Mit anderen Worten: Sie sei in der Lage, sich selbst zu regieren (Hardt und Negri 2004, S. 118). Tatsächlich plädieren diese Autoren für die völlige Verabschiedung des Staates als Souverän. Die Staaten erscheinen vielmehr als bloße Anhängsel eines netzwerkartig organisierten Gebildes, das „Empire" genannt wird.

Die „Gunst der Märkte" Einem Praxistest ist diese Sichtweise freilich bislang nirgends unterworfen worden. Es bleibt also fraglich, ob es so etwas wie die Souveränität des „Empires" tatsächlich gibt. Zudem wird der Begriff „Empire" hier in einer anderen als der üblichen Form verwendet (Münkler 2005). Unbestritten ist allerdings, dass sich die Frage der Souveränität jedes einzelnen Volkes vor dem Hintergrund einer Politik, die den Vorgaben des globalen Finanzsystems lediglich folgt, relativiert. Kein Staat ist dagegen gefeit, in seiner Bonität heruntergestuft zu werden und damit – fast automatisch – höhere Zinsen für die Kredite bezahlen müssen, die er zur Deckung seiner (exorbitanten) Staatsschulden benötigt. Gerade die wirtschaftlich starken Staaten sollten den Wettlauf um die „Gunst der Märkte" einstellen und stattdessen alle gesetzlichen Mittel einsetzen, um die Macht der Finanzspekulanten, denen sie – bewusst oder unbewusst – einen Teil dieser Macht selbst übertragen haben, nachhaltig zu begrenzen.

Auf dem Weg zu einer neuen Souveränität? 9

„Eine radikale Demokratietheorie hingegen muß ihre Hoffnung auf die allen Verfassungsbestimmungen vorhergehende verfassungsgebende Gewalt des Volkes richten, die überhaupt erst eine Demokratie, die den Namen verdient, herbeiführen kann" (Maus 2011, S. 18). Angesichts der Diskussion um weitreichende Entscheidungen, an denen der Bundestag teils beteiligt, teils nicht beteiligt war, hat der Streit um Verfassungssouveränität, Parlamentssouveränität bzw. (direkte) Volkssouveränität wieder neue Aktualität erlangt. Zum einen geht es dabei um die Übernahme ungeheurer finanzieller Verpflichtungen durch die Bundesrepublik Deutschland im Rahmen des Europäischen „Rettungsfonds" EFSF (*European Financial Stability Facility*). Zum anderen ist es die Übertragung der Handelsgerichtsbarkeit von staatlichen Gerichten auf private Schlichtungsstellen durch das Transatlantische Freihandelsabkommen TTIP. Dieses Abkommen, das allein von der EU ausgehandelt wird, kann durchaus dazu führen, dass ein Staat dazu „verurteilt" wird, Sozial- oder Umweltstandards zu senken, weil diese den Geschäftsinteressen mächtiger (ausländischer) Konzerne zuwiderlaufen. Die nationalen Parlamente werden trotz der erheblichen Folgen kaum beteiligt, ihnen wird nur ein limitiertes Recht, sich zu informieren, eingeräumt. Wer hat in der real existierenden Demokratie das Recht zur verbindlichen Letztentscheidung? In einem solchen gravierenden Fall ist es offenbar nicht das demokratisch gewählte Parlament des betroffenen Mitgliedstaates. In der Bundesrepublik Deutschland ist es offensichtlich auch nicht das Volk.

Es kommt hinzu, dass – teils durch den deutschen Gesetzgeber, teils durch den Europäischen Gerichtshof – Kompetenzen in einem solchen Ausmaß auf die Europäische Union übertragen worden sind, dass damit die (materielle) Souveränität Deutschlands nicht nur formal tangiert ist. Ist Deutschland überhaupt noch ein souveräner Staat? Daraus ergeben sich folgende fünf Fragen:

© Springer Fachmedien Wiesbaden 2016

R. Voigt, *Staatliche Souveränität,* essentials, DOI 10.1007/978-3-658-13181-4_9

Kernbereich der Souveränität Ist es der Bundesregierung – zusammen mit ihrer Regierungsmehrheit im Bundestag – erlaubt, immer mehr Hoheitsrechte auf die Europäische Union zu übertragen bzw. die Übertragung durch Institutionen der EU (z. B. den Europäischen Gerichtshof) hinzunehmen? Gehen die Befugnisse der Regierenden soweit, dass sie ggf. Deutschland als Staat abschaffen könnten? Oder gibt es einen „Kernbereich" der Souveränität, der nicht angetastet werden darf?

Transparenz der Kompetenzübertragung Wie weit muss das (nationale) Parlament als Ganzes in den Entscheidungsprozess einbezogen werden, der den Transfer von Kompetenzen, Geldleistungen oder Bürgschaften an die Europäische Union oder an ausländische Interessenten (TTIP) betrifft? Kann diese Entscheidung aus Gründen der Geheimhaltung oder der Effektivität auf einen kleineren Kreis von Abgeordneten übertragen werden?

Wie weit darf die Übertragung gehen? Gestattet es das Grundgesetz in seiner jetzigen Form – vor allem Art. 23 (n. F.) sowie die Präambel des Grundgesetzes –, über die bereits übertragenen Hoheitsrechte hinaus weitere Teile der nationalen Souveränität auf die Europäische Union zu übertragen; oder ist das Grundgesetz jetzt in dieser Hinsicht „ausgereizt"? Und müsste in diesem Fall nicht das Volk gefragt werden (Andreas Voßkuhle)?

Verlust der Selbstständigkeit Ist der Verfassungsgesetzgeber befugt, das Grundgesetz – mit einer Zweidrittelmehrheit in Bundestag und Bundesrat – so weitgehend zu ändern, dass die Bundesrepublik Deutschland zu einem mehr oder weniger (un-)selbstständigen Mitgliedsland der Europäischen Union wird?

Reservatsrechte des Volkes Welche „Reservatsrechte" (Maus 2011) stehen dem Volk zu, das auf Grund seiner Verfassung gebenden Gewalt (*pouvoir constituant*) allein dazu befugt ist, weitreichende Änderungen des Grundgesetzes – z. B. durch eine neue Verfassung gemäß Art. 146 Grundgesetz – vorzunehmen, die über das Bisherige hinausgehen?

Überschreitung der Befugnisse? Der nach der Wiedervereinigung neu aufgenommene Art. 23 Grundgesetz erlaubt zwar explizit, dass der Bund durch Gesetz mit Zustimmung des Bundesrates Hoheitsrechte auf die EU übertragen kann. Freilich ist auch dieser Grundgesetzartikel von der Bundesregierung selbstverständlich nur in einer verfassungskonformen Auslegung heranzuziehen.

Schien bislang der Rückgriff auf Art. 146 Grundgesetz – und damit auf den harten Kern der Volkssouveränität – eher hypothetisch, so hat sich jetzt eine neue Situation ergeben. Der Präsident des Bundesverfassungsgerichts, Andreas Voßkuhle, hat sich unmissverständlich zu der Frage geäußert, ob das Grundgesetz eine weitere „europäische Integration" erlaube: „Für eine Abgabe weiterer Kernkompetenzen an die Europäische Union dürfte nicht mehr viel Spielraum bestehen. Wollte man diese Grenze überschreiten, was politisch ja durchaus richtig und gewollt sein kann, müsste Deutschland sich eine neue Verfassung geben. Dafür wäre ein Volksentscheid nötig. Ohne das Volk geht es nicht!" (Andreas Voßkuhle im FAZ-Gespräch am 25.09.2011).

Kompetenz- und Funktionenordnung Diese Haltung hat das Bundesverfassungsgericht bereits mit seinem Urteil zum Lissabon-Vertrag ansatzweise zum Ausdruck gebracht (BVerfGE 123, 267) und ist dafür nicht nur von Politikern und Journalisten, sondern auch von Öffentlichrechtlern und Politikwissenschaftlern heftig kritisiert worden. Offenbar liegt dieser Kritik ein anderes Verständnis von Souveränität zugrunde. Die Formel von der „Verfassungssouveränität" scheint nach wie vor die Diskussion der deutschen Staatsrechtslehrer über die Souveränitätsfrage zu dominieren. Ausgangspunkt ist hier nicht mehr ein Herrschafts- oder Entscheidungsmonopol, vielmehr stellt sich die Verfassungsordnung aus dieser Perspektive lediglich als eine Kompetenz- und Funktionenordnung dar (Achterberg 1970), die man auf Grund politischer Erfordernisse jederzeit – ohne Beteiligung des Volkes – neuen Gegebenheiten bzw. den eigenen (kosmopolitischen) Vorstellungen anpassen kann. Auf diese Weise verblassen auch die Probleme einer Aushöhlung der nationalstaatlichen Souveränität und ihres Abwanderns in Richtung Europäische Union zu scheinbar unbedeutenden Randerscheinungen auf dem Weg zur (scheinbar allseits erwünschten) europäischen Integration.

Bewusste Entscheidung über die politische Existenz eines Volkes Die Kreation einer Souveränität des Gesetzes lässt hingegen die Souveränitätsfrage in Wahrheit offen, schreibt Carl Schmitt 1922. Das ist insofern von großer Bedeutung, als sich nach Schmitts Ansicht in jedem Verfassungskonflikt die Frage der Souveränität neu stellt. Die Verfassung selbst enthält vor allem eine bewusste Gesamtentscheidung über Art und Form der politischen Existenz eines Volkes als Einheit und Ganzheit (Hofmann 2002, S. 129). Das machen die verschiedenen deutschen Verfassungen deutlich.

Die Reichsverfassung vom 28. März 1849 ist das Ergebnis der bürgerlichen Revolution von 1848 (auch wenn sie letztlich nicht in Kraft getreten ist). Sie sieht eine konstitutionelle Monarchie in kleindeutschen Rahmen – also unter Ausschluss Österreichs – und ein Zweikammersystem (Staatenhaus und Volkshaus) vor. Die Verfassung des Deutschen Reiches vom 16. April 1871 konnte erst dann verabschiedet werden, als der Widerstand der Kontrahenten (Österreich, Frankreich) durch zwei siegreiche Kriege gebrochen war. Sie versteht das Reich als Fürstenbund und installiert den Bundesrat als Führungsgremium mit dem preußischen König als deutschem Kaiser an der Spitze. Der Reichstag wird zwar demokratisch gewählt, soll aber nach dem Willen der Verfassungsgeber keine dominante Rolle spielen. Die Verfassung des Deutschen Reichs (Weimarer Reichsverfassung) vom 11. August 1919 markiert den Endpunkt der Revolution, die am Ende des Ersten Weltkriegs am 9. November 1918 ausgebrochen ist. Die Weimarer Reichsverfassung verbindet – ähnlich wie die französische Verfassung von 1793 – eine repräsentative Demokratie mit plebiszitären Elementen (Wahl des Reichspräsidenten, Volksbegehren, Volksentscheid).

Das Grundgesetz für die Bundesrepublik Deutschland vom 25. Mai 1949 baut auf der Zusammenlegung der drei Besatzungszonen durch die Westalliierten – vier Jahre nach dem Ende des Zweiten Weltkriegs – auf und kreiert eine neue, vorläufige Staatlichkeit. Die Besatzungsmächte halten sich bei ihren öffentlichen Interventionen in den deutschen Verfassungsgebungsprozess öffentlich zurück. Eher selten legen sie ein formelles Veto gegen bestimmte Verfassungsvorschriften (z. B. gegen die Einrichtung einer Bundesbank) ein. Sie stützen sich vor allem auf die in den „Frankfurter Dokumenten" enthaltenen „Empfehlungen". Außenpolitik bleibt zunächst unter der Kontrolle der Hohen Kommissare und später der Botschafter Frankreichs, Großbritanniens und der Vereinigten Staaten von Amerika. Allerdings können sich die Westalliierten ohnehin sicher sein, das die maßgebenden deutschen Politiker die wichtigsten Wünsche insbesondere der Amerikaner in „vorauseilendem Gehorsam" geradezu erahnen und umsetzen werden. Die plebiszitären Elemente werden auf Bundesebene eliminiert, die Bundesstaatlichkeit erheblich gestärkt, die Grundrechte für verbindlich erklärt und die Entscheidungen des Parlaments durch das Bundesverfassungsgericht einer am Grundgesetz orientierten Kontrolle unterworfen.

Deutschland – ein semi-souveräner Staat? Die deutsche Souveränität ist ohnehin – auch nach Gründung der alten Bundesrepublik und selbst nach Abschluss des Deutschlandvertrages von 1952 (in Kraft getreten am 5. Mai 1955) – durch zahllose Vorbehaltsrechte der Alliierten auf ein Mindestmaß reduziert. Die Bundesrepublik ist ein „semi-souveräner" Staat, der auf Schutz und Wohlwollen der Amerikanerangewiesen ist. Nach einer Phase des absoluten Pazifismus wird die Frage des Einsatzes von deutschen Streitkräften erst durch die Wiederbewaffnung, die auf Betreiben der Amerikaner in den Jahren 1956/1957 die Bundeswehr entstehen lässt, und durch den Beitritt zur NATO wieder akut. Die Bundeswehr wird als „Friedensarmee" aufgestellt. Nach der Wiedervereinigung werden jedoch sehr bald Forderungen der westlichen Verbündeten laut, sich an Kriegseinsätzen zu beteiligen. Das lässt sich zwar zunächst mit dem Hinweis auf das Grundgesetz kurzzeitig vermeiden (Zweiter Golfkrieg 1990/91), der Einsatz der Bundeswehr wird jedoch – nachdem ein Urteil des Bundesverfassungsgerichts vom 12. Juli 1994 dies für verfassungsgemäß befunden hat (BVerfGE 90, 286) – auch außerhalb des NATO-Gebietes („out-of-area") quasi selbstverständlich. Dazu gehören Einsätze der Bundeswehr in Afghanistan, in Mali und seit 2015 auch in Syrien. Der Einsatz der Bundeswehr im Rahmen von ISAF (International Security Assistance Force) in Afghanistan endete zwar offiziell am 31. Januar 2014, wird jedoch nunmehr unter einer veränderten Aufgabenstellung weitergeführt. Dieser Krieg – das Wort wurde lange Zeit sorgfältig vermieden, hat bislang 35 deutsche Soldaten das Leben gekostet. Die Einsätze in Mali und Syrien werden mit der Solidarität für das von Terroranschlägen heimgesuchte Frankreich begründet. Ihr strategischer bzw. außenpolitischer Nutzen für Deutschland ist freilich umstritten. Andererseits wurde die Nichtteilnahme an dem völkerrechtswidrigen Irakkrieg von 2003 und an dem durch UN-Resolution 1973 gedeckten internationalen Militäreinsatz in Libyen im März 2011 insbesondere von CDU-Politikern z. T. scharf kritisiert.

Dass die Bundesrepublik Deutschland an Kriegseinsätzen teilnimmt oder die Teilnahme daran verweigert, heißt freilich nicht, dass damit Deutschland zu einem (vollumfänglich) souveränen Staat geworden wäre. Das würde vielmehr z. B. voraussetzen, dass die US-Militäreinrichtungen (z. B. Ramstein) auf deutschem Boden sowie die hier gelagerten ca. 20 Atombomben vom Typ B-61 abgezogen würden. Eine entsprechende Forderung des damaligen Bundesaußenministers Guido Westerwelle (FDP) im Februar 2010 wurde von den USA und der NATO kategorisch zurückgewiesen. Diese Einschränkung der nationalen Souveränität wird durch das sogenannte nukleare Teilhaberecht Deutschlands, mit dem es in die Planung des Einsatzes und den Einsatz von Atomwaffen einbezogen wird, nur unzureichend ausgeglichen. Ob die amerikanischen Atomwaffen in Deutschland einen militärischen Zweck erfüllen, ist umstritten. Für die USA hat diese Stationierung allerdings eine nicht zu unterschätzende geostrategische Bedeutung.

Was Sie aus diesem *essential* mitnehmen können

- Souveränität ist auch in den Zeiten von Globalisierung und Europäisierung unverzichtbare Grundlage moderner Staatlichkeit.
- Seit der Französischen Revolution ist Souveränität in liberalen Demokratien immer die Souveränität des Volkes.
- In der Demokratie geht alle Staatsgewalt vom Volk als Souverän aus; da es sich um ein vorkonstitutionelles Prinzip handelt, hat Art. 20 Abs. 2 GG lediglich deklaratorischen Charakter.
- Aus der Volkssouveränität ergibt sich zwingend der *pouvoir constituant* des Volkes, d. h. das Recht, sich jederzeit aus eigener Kraft eine neue Verfassung zu geben.
- Der Verfassungsgesetzgeber ist nicht befugt, ohne ausdrückliche Zustimmung des Volkes Deutschland als souveränen Staat durch Eingliederung in die Europäische Union aufzulösen.
- Während die materielle Souveränität – mit Zustimmung des Volkes – eingeschränkt werden kann, ist die formale Souveränität unteilbar; dazu gehört auch die Fähigkeit, Beziehungen mit anderen Staaten zu knüpfen.

© Springer Fachmedien Wiesbaden 2016
R. Voigt, *Staatliche Souveränität*, essentials, DOI 10.1007/978-3-658-13181-4

Literaturverzeichnis

Abromeit, H. (1995). Volkssouveränität, Parlamentssouveränität, Verfassungssouveränität: Drei Realmodelle der Legitimation staatlichen Handelns. *Politische Vierteljahresschrift, 36*(1), 49–66.

Abromeit, H. (1999). Volkssouveränität in komplexen Gesellschaften. In H. Brunkhorst & P. Niesen (Hrsg.), *Das Recht der Republik* (S. 17–36). Frankfurt a. M.: Suhrkamp.

Achterberg, N. (1970). *Probleme der Funktionenlehre.* München: Beck.

Agamben, G. (2002). *Homo Sacer. Die souveräne Macht und das nackte Leben.* Frankfurt a. M.: Suhrkamp.

Agamben, G. (2003). *Ausnahmezustand (homo sacer III).* Frankfurt a. M.: Suhrkamp.

Anschütz, G. (1925). *Die Verfassung des Deutschen Reichs vom 11. August 1919. Ein Kommentar für Wissenschaft und Praxis.* Berlin: Georg Stilke.

Baldus, M. (1997). Zur Relevanz des Souveränitätsproblems in der Wissenschaft vom Öffentlichen Recht. *Der Staat, 36,* 381–398.

Balke, F. (2009). *Figuren der Souveränität.* München: Wilhelm Fink.

Baudet, T. (2015). *Der Angriff auf den Nationalstaat* (niederländisches Original 2012). Rottenburg: Kopp.

Beck, U., & Grande, E. (2004). *Das kosmopolitische Europa. Gesellschaft und Politik in der Zweiten Moderne.* Frankfurt a. M.: Suhrkamp.

Biebricher, T. (2014). Souveränität und Recht in der Staatsanalytik Foucaults. In A. Vasilache (Hrsg.), *Gouvernementalität, Staat und Weltgesellschaft. Studien zum Regieren im Anschluss an Foucault* (S. 21–41). Wiesbaden: Springer.

Böckenförde, E.-W. (1976). *Staat, Gesellschaft, Freiheit. Studien zur Staatstheorie und zum Verfassungsrecht.* Frankfurt a. M.: Suhrkamp.

Böckenförde, E.-W. (1983). *Demokratie und Repräsentation. Zur Kritik der heutigen Demokratiediskussion.* Hannover: Niedersächsische Landeszentrale für politische Bildung.

Böckenförde, E.-W. (1986). *Die verfassungsgebende Gewalt des Volkes. Ein Grenzbegriff des Verfassungsrechts.* Neuwied: Hermann Luchterhand Verlag.

Bodin, J. (1981–1986). *Sechs Bücher über den Staat* (übers v. Bernd Wimmer, hrsg v. Peter-Cornelius Mayer-Tasch, 2 Bände). München: C.H. Beck.

Brown, W. (2012). *Wir sind jetzt alle Demokraten.... Demokratie? Eine Debatte* (S. 55–71). Berlin: Suhrkamp.

© Springer Fachmedien Wiesbaden 2016

R. Voigt, *Staatliche Souveränität,* essentials, DOI 10.1007/978-3-658-13181-4

Brunkhorst, H., & Voigt, R. (Hrsg.). (2008). *Rechts-Staat. Staat, internationale Gemeinschaft und Völkerrecht bei Hans Kelsen*. Baden-Baden: Nomos.

Christophersen, C. (2009). *Kritik der transnationalen Gewalt. Souveränität. Menschenrechte und Demokratie im Übergang zur Weltgesellschaft*. Bielefeld: transcript.

Clausewitz, C. (1991). *Vom Kriege. Hinterlassenes Werk des Generals Carl von Clausewitz. Vollständige Ausgabe im Urtext. 3 Teile in einem Band hrsg. von W. Hahlweg* (19. Aufl.). Bonn: Dümmler.

Därmann, I. (2009). *Figuren des Politischen*. Frankfurt a. M.: Suhrkamp.

Dicey, A. V. (1959). *Introduction to the Study of Law of the Constitution* (1885) (10. Aufl.). Basingstoke: Macdonald.

Eberl, O. (Hrsg.). (2011). *Transnationalisierung der Volkssouveränität. Radikale Demokratie diesseits und jenseits des Staates*. Stuttgart: Steiner.

Foucault, M. (2003). *Schriften. Dritter Band*. Frankfurt a. M.: Suhrkamp.

Foucault, M. (2006). *Sicherheit, Territorium, Bevölkerung. Geschichte der Gouvernementalität I. Vorlesungen am Collège de France 1977–1978*. Frankfurt a. M.: Suhrkamp. (Hrsg. von M. Sennelart).

Gangl, M. (Hrsg.). (2011). *Die Weimarer Staatsrechtsdebatte. Diskurs- und Rezeptionsstrategien*. Baden-Baden: Nomos.

von Gneist, R. (1849). *Die Bildung der Geschworenengerichte in Deutschland*. Berlin: Ludwig Oehmigke.

Grimm, D. (2009). *Souveränität: Herkunft und Zukunft eines Schlüsselbegriffs*. Berlin: Berlin University Press.

Häberle, P. (1967). Zur gegenwärtigen Diskussion um das Problem der Souveränität. *Archiv des Öffentlichen Rechts, 92*, 259–287.

Habermas, J. (1998). *Die postnationale Konstellation. Politische Essays*. Frankfurt a. M.: Suhrkamp.

Haltern, U. (2007). *Was bedeutet Souveränität?* Tübingen: Mohr Siebeck.

Hardt, M., & Negri, A. (2003). *Empire. Die neue Weltordnung*. New York: Campus.

Hardt, M., & Negri, A. (2004). *Multitude. Krieg und Demokratie im Empire*. New York: Campus.

Hebeisen, M. W. (1995). *Souveränität in Frage gestellt. Die Souveränitätslehren von Hans Kelsen, Carl Schmitt und Hermann Heller im Vergleich*. Baden-Baden: Nomos.

Heidenreich, F. (Hrsg.). (2011). *Technologien der Macht. Zu Michel Foucaults Staatsverständnis*. Baden-Baden: Nomos.

Heller, H. (1934). *Staatslehre* (4. Aufl., 1970). Leiden: A.W. Sijthoff. (Hrsg. von G. Niemeyer).

Heller, H. (1992). Die Souveränität – Ein Beitrag zur Theorie des Staats- und Völkerrechts (1927). In C. Müller & M. Draht (Hrsg.), *Hermann Heller. Gesammelte Schriften* (Bd. 2, 2. Aufl., S. 31 ff.). Tübingen: Mohr Siebeck.

Hennis, W. (2003). *Das Problem der Souveränität. Ein Beitrag zur neueren Literaturgeschichte und gegenwärtigen Problematik der politischen Wissenschaften*. Tübingen: Mohr Siebeck.

Hesse, K. (1959). *Die normative Kraft der Verfassung*. Tübingen: Mohr Siebeck.

Hobbes, T. (1992). *Leviathan oder Stoff, Form und Gewalt eines bürgerlichen und kirchlichen Staates* (Leviathan or the Matter, Forme and Power of Commonwealth, Ecclesiasticall and Civill, 1651) (5. Aufl.). Frankfurt a. M.: Suhrkamp. (Hrsg von I. Fetscher).

Hobe, S. (1998). *Der offene Verfassungsstaat zwischen Souveränität und Interdependenz. Eine Studie zur Wandlung des Staatsbegriffs der deutschsprachigen Staatslehre im Kontext internationaler institutionalisierter Kooperation.* Berlin: Duncker & Humblot.

Höffe, O. (2009). *Ist die Demokratie zukunftsfähig? Über moderne Politik.* Bonn: C.H. Beck.

Hofmann, H. (2002). *Legitimität gegen Legalität: Der Weg der politischen Philosophie Carl Schmitts* (4. Aufl.). Berlin: Duncker & Humblot. (1. Aufl. 1964).

Höreth, M. (2008). *Die Selbstautorisierung des Agenten. Der Europäische Gerichtshof im Vergleich zum U.S. Supreme Court.* Baden-Baden: Nomos.

Huber, E.-R. (1934). Die Einheit der Staatsgewalt. *Deutsche Juristen-Zeitung, 15,* 950.

Kantorowicz, E. (1990). *Die zwei Körper des Königs. Eine Studie zur politischen Theologie des Mittelalters* (engl. Original Princeton 1957). München: dtv.

Kelsen, H. (1920). *Das Problem der Souveränität und die Theorie des Völkerrechts.* Tübingen: Mohr.

Kelsen, H. (1925). *Allgemeine Staatslehre.* Berlin: Duncker & Humblot.

Kelsen, H. (1967). *Reine Rechtslehre* (1. Aufl. von 1934). Wien.

Kelsen, H. (1981). *Das Problem der Souveränität und die Theorie des Völkerrechts – Beitrag zu einer Reinen Rechtslehre* (2. Neudruck der 2. Aufl. von 1928). Aalen: Scientia Verlag.

Kielmansegg, P. G. (1977). *Volkssouveränität. Eine Untersuchung der Bedingungen demokratischer Legitimität.* Stuttgart: Klett.

Koschorke, A., Lüdemann, S., Frank, T., & Matala de Mazza, E. (2007). *Der fiktive Staat. Konstruktionen des politischen Körpers in der Geschichte Europas.* Frankfurt a. M.: Fischer.

Krabbe, H. (1906). *Die Lehre der Rechtssouveränität – Beitrag zur Staatslehre.* Groningen: J. B. Wolters.

Kriele, M. (1975). *Einführung in die Staatslehre* (4. Aufl.). Stuttgart: Kohlhammer.

Mäder, W. (2007). *Vom Wesen der Souveränität. Ein deutsches und ein europäisches Problem.* Berlin: Duncker & Humblot.

Maistre, J. (2000). *Von der Souveränität. Ein Anti-Gesellschaftsvertrag.* Berlin: Kadmos.

Maschke, G. (Hrsg.). (2005). *Carl Schmitt: Frieden oder Pazifismus? Arbeiten zum Völkerrecht und zur internationalen Politik 1924–1978.* Berlin: Duncker & Humblot.

Maus, I. (1991). Sinn und Bedeutung der Volkssouveränität in der modernen Gesellschaft. *Kritische Justiz, 24,* 137–150.

Maus, I. (2011). *Über Volkssouveränität. Elemente einer Demokratietheorie.* Berlin: Duncker & Humblot.

Maus, I. (2015). *Menschenrechte, Demokratie und Frieden. Perspektiven globaler Organisation.* Berlin: Suhrkamp.

Montesquieu, C. (1994). *Vom Geist der Gesetze (De l'esprit des loix, 1748).* Stuttgart: Reclam.

Münkler, H. (2005). *Imperien. Die Logik der Weltherrschaft – Vom Alten Rom bis zu den Vereinigten Staaten* (3. Aufl.). Berlin: Duncker & Humblot.

Preuß, H. (1908). *Festschrift für Paul Laband von der rechts- und staatswissenschaftlichen Fakultät der Kaiser-Wilhelm-Universität Straßburg, Bd. II (Reprint 1987).* Tübingen: Mohr.

Quaritsch, H. (1970). *Staat und Souveränität. Bd. 1: Die Grundlagen.* Frankfurt a. M.: Suhrkamp.

Quaritsch, H. (1986). *Souveränität – Entstehung und Entwicklung des Begriffs in Frankreich und Deutschland vom 13. Jahrhundert bis 1806.* Berlin: Duncker & Humblot.

Rousseau, J. -J. (1978). *Der Gesellschaftsvertrag (Contrat social, 1762).* Frankfurt a. M.: Suhrkamp.

Salzborn, S. (Hrsg.). (2011). *Staat und Nation. Die Theorien der Nationalismusforschung in der Diskussion.* Stuttgart: Steiner.

Salzborn, S., & Voigt, R. (Hrsg.). (2010). *Souveränität. Theoretische und ideengeschichtliche Reflexionen.* Stuttgart: Steiner.

Scheit, G. (2009). *Der Wahn vom Weltsouverän. Zur Kritik des Völkerrechts.* Freiburg: ça-ira.

Schmitt, C. (1922). *Politische Theologie. Vier Kapitel zur Lehre von der Souveränität* (8. Aufl.). Berlin: Duncker & Humblot. (2004).

Schmitt, C. (1928). *Verfassungslehre.* Berlin: Duncker & Humblot.

Schmitt, C. (1929). *Volksentscheid und Volksbegehren. Ein Beitrag zur Auslegung der Weimarer Verfassung und zur Lehre von der unmittelbaren Demokratie.* Berlin: Walter de Gruyter.

Schmitt, C. (1931). *Der Hüter der Verfassung.* Berlin: Duncker & Humblot.

Schmitt, C. (1932/1933). USA und die völkerrechtlichen Formen des modernen Imperialismus [1932/33]. In Maschke (Hrsg.), *Positionen und Begriffe* (S. 349–377). Berlin: Duncker & Humblot.

Schmitt, C. (1938). *Der Leviathan in der Staatslehre des Thomas Hobbes. Sinn und Fehlschlag eines politischen Symbols.* Köln: Klett-Cotta.

Schmitt, C. (1950). *Der Nomos der Erde im Völkerrecht des Jus Publicum Europaeum* (4. Aufl.). Berlin: Duncker & Humblot. (1997).

Schmitt, C. (1963). *Theorie des Partisanen. Zwischenbemerkung zum Begriff des Politischen.* Berlin: Duncker & Humblot.

Somek, A. (2001). *Soziale Demokratie. Jean-Jacques Rousseau, Max Adler, Hans Kelsen und die Legitimität demokratischer Herrschaft.* Wien: Verlag Österreich.

Steiger, H. (1966). *Staatlichkeit und Überstaatlichkeit. Eine Untersuchung zur rechtlichen und politischen Stellung der Europäischen Gemeinschaften.* Berlin: Duncker & Humblot.

Tönnies, S. (1994). Volkssouveränität. Der schwere Abschied von einer guten Idee. In: K.-M. Michel & T. Spengler (Hrsg.), *Kursbuch 117: Das Volk, der Souverän* (S. 51–66). Berlin: Rotbuch Verlag.

Vasilache, A. (Hrsg.). (2014). *Gouvernementalität, Staat und Weltgesellschaft. Studien zum Regieren im Anschluss an Foucault.* Wiesbaden: Springer.

Voigt, R. (Hrsg.). (2000). *Der Leviathan.* Baden-Baden: Nomos.

Voigt, R. (Hrsg.). (2002). *Krieg – Instrument der Politik. Bewaffnete Konflikte im Übergang vom 20. zum 21. Jahrhundert.* Baden-Baden: Nomos.

Voigt, R. (2005). *Weltordnungspolitik.* Wiesbaden: VS-Verlag.

Voigt, R. (2008). *Krieg ohne Raum. Asymmetrische Konflikte in einer entgrenzten Welt.* Stuttgart: Steiner.

Voigt, R. (2009). *Den Staat denken. Der Leviathan im Zeichen der Krise* (2. Aufl.). Baden-Baden: Nomos.

Voigt, R. (2011). *Staatskrise. Muss sich die Regierung ein anderes Volk wählen?* Stuttgart: Steiner.

Voigt, R. (2012). *Alternativlose Politik? Zukunft des Staates – Zukunft der Demokratie.* Stuttgart: Steiner.

Voigt, R. (Hrsg.). (2013). *Ausnahmezustand. Carl Schmitts Lehre von der kommissarischen Diktatur*. Baden-Baden: Nomos.
Voigt, R. (2015a). *Denken in Widersprüchen. Carl Schmitt wider den Zeitgeist*. Baden-Baden: Nomos.
Voigt, R. (2015b). *Der moderne Staat. Zur Genese des heutigen Staatsverständnisses*. Wiesbaden: Springer.
Voigt, R. (Hrsg.). (2015c). *Legalität ohne Legitimität? Carl Schmitts Kategorie der Legitimität*. Wiesbaden: Springer.
Walzer, M. (1982). *Gibt es den gerechten Krieg?* (engl. Original New York 1977). Stuttgart: Klett-Cotta.